A SHORT HISTORY OF

THE FIRST WORLD WAR

（英）加里·谢菲尔德 著

李文英 译

巨崩

1914 ~ 1918,

一部一战史

U0314423

化学工业出版社

·北京·

A Short History of the First World War by Gary Sheffield

Copyright © Gary Sheffield 2014

Translation copyright © 2024 by Beijing ERC Media, Inc.

This translation of A SHORT HISTORY OF THE FIRST WORLD WAR is published by Beijing ERC Media Inc. by arrangement with Oneworld Publications through Bardon Chinese Media Agency.

本书中文简体字版由Gary Sheffield授权化学工业出版社独家出版发行。

本版本仅限在中国内地（大陆）销售，不得销往中国香港、澳门和台湾地区。未经许可，不得以任何方式复制或抄袭本书的任何部分，违者必究。

北京市版权局著作权合同登记号：01-2018-5732

图书在版编目(CIP)数据

巨崩：1914~1918，一部一战史 /（英）加里·谢菲尔德（Gary Sheffield）著；李文英译. -- 北京：化学工业出版社，2024.6

书名原文：A Short History of the First World War

ISBN 978-7-122-45419-5

Ⅰ.①巨… Ⅱ.①加…②李… Ⅲ.①第一次世界大战 -历史 Ⅳ.①K143

中国国家版本馆CIP数据核字（2024）第072732号

责任编辑：王冬军　　　　　　装帧设计：水玉银文化

责任校对：李露洁　　　　　　版权编辑：金美英

出版发行：化学工业出版社（北京市东城区青年湖南街13号　邮政编码100011）

印　　装：三河市双峰印刷装订有限公司

880mm×1230mm　1/32　印张 8³/₄　字数 189千字　2024年8月北京第1版第1次印刷

购书咨询：010-64518888　　　　　　售后服务：010-64518899

网　　址：http:// www.cip.com.cn

凡购买本书，如有缺损质量问题，本社销售中心负责调换。

定　价：59.80元　　　　　　　　版权所有　违者必究

本书献给我的岳父——

第二次世界大战期间服役于英国皇家海军的

克利福德·约翰·戴维斯

(Clifford John Davis，1924~2013)

大事年表

1870~1871年　普法战争

1888年　德皇威廉二世登基

1890年　奥托·冯·俾斯麦被解除首相职务

1892~1894年　法国和俄国结成联盟

1898年　"法绍达危机"，英国和法国在苏丹几乎开战

1899~1902年　第二次布尔战争

1904年　法国和英国签署了"友好协议"

1904~1905年　日俄战争

1905~1906年　第一次摩洛哥危机

1908年　奥匈帝国吞并波斯尼亚—黑塞哥维那

1911年　第二次摩洛哥危机

1912年　12月8日，柏林举行所谓的"战争会议"

1912~1913年　第一次巴尔干战争

1913年　第二次巴尔干战争

1914年　6月28日，奥匈帝国皇储弗朗茨·斐迪南大公在萨拉
热窝被刺杀

7月5日，德国开出无条件支持奥匈帝国的"空白支票"

7月23日，奥匈帝国向塞尔维亚发出最后通牒

7月28日，奥匈帝国向塞尔维亚宣战

7月30日，俄国军事动员

8月1日，德国向俄国宣战

8月3日，德国向法国宣战

8月4日，德国入侵比利时；英国向德国宣战

8月7日~9月13日，边境战役

8月23日，蒙斯战役

8月23日~9月11日，伦贝格战役

8月26日~30日，坦嫩贝格战役

9月5日~12日，第一次马恩河战役

10月19日~11月22日，第一次伊普尔战役

10月29日，奥斯曼帝国参战

11月1日，克罗内尔战役

12月8日，马尔维纳斯群岛（英称"福克兰群岛"）战役

1915年　2月18日，德国宣布实施第一次无限制潜艇战

4月22日~5月25日，第二次伊普尔战役

4月25日，协约国军队登陆加利波利半岛

5月9日~6月18日，协约国军队在西线展开春季攻势

5月23日，意大利向奥匈帝国宣战

9月25日~10月18日，协约国军队在西线展开秋季攻势

1916年　2月21日~12月18日，凡尔登战役

5月31日，日德兰海战

6月4日～9月20日，布罗希洛夫攻势

7月1日～11月18日，索姆河战役

1917年　2月1日，德国第二次无限制潜艇战打响

3月15日，沙皇尼古拉斯二世退位（俄国二月革命）

4月6日，美国参战

4月9日～5月17日，阿拉斯战役

4月16日～5月9日，尼韦尔攻势

7月1日～19日，克伦斯基攻势

7月31日～12月2日，第三次伊普尔战役（帕斯尚尔战役）

11月7日～8日，俄国布尔什维克夺取政权（俄国十月革命）

11月20日～12月7日，康布雷战役

12月9日，英国占领耶路撒冷

1918年　1月8日，威尔逊总统提出"十四点原则"

3月3日，签署《布列斯特—立托夫斯克和约》

3月21日～4月5日，德国"迈克尔攻势"

4月7日～29日，德国"乔吉特攻势"（利斯河战役）

7月15日～8月6日，第二次马恩河战役

8月8日～11日，亚眠战役

9月15日～30日，协约国军队取得萨洛尼卡战役胜利

9月19日～25日，美吉多战役

9月26日～29日，协约国军队大进攻

10月30日，奥斯曼帝国与协约国签署停战协议，退

出战争

10月24日～11月3日，维托里奥·维内托战役

11月3日，奥匈帝国皇帝与协约国签署停战协议，退

出战争

11月9日，德皇威廉二世退位，被放逐

11月11日，德国签署停战协议，西线战事结束

1919年　6月28日，《凡尔赛和约》签署

序 言

第一次世界大战（在本书中，亦简称为"一战"）是一个重要事件，或者说是一系列重要事件的集合，很难找到合适的词汇来准确表达"一战"的重要意义。这场战争摧毁了德意志帝国、奥匈帝国、俄罗斯帝国以及奥斯曼帝国，建立了世界上第一个社会主义国家——苏俄（全称"俄罗斯苏维埃联邦社会主义共和国"），在意大利和德国播下了法西斯主义的种子。在这一过程中，英法殖民帝国的势力走向顶峰，与此同时，促使英法殖民帝国在几代人之内就走向灭亡的条件也随之产生。"一战"使数以百万计的人失去了生命，也间接导致了另一场更大规模战争的爆发。

"一战"也使一些此前受大国控制的地区获得了解放，建立了独立的国家，如捷克斯洛伐克、波兰、南斯拉夫、爱尔兰等。"一战"加速了美国的崛起，使之成为全球性力量。而受到战争的直接影响，英国也发生了很多变化，它希望利用战争来达到其政治目的，结果却为人所不齿。战争还给文化生活——文学、戏剧、电影、美术以及音乐——留下了不可磨灭的烙印。总之，引发第一次世界大战的"八月炮火"打响以后，这个世界就彻底被改变了。

哈利·帕奇（Harry Patch）是经历过"一战"的最后一位幸存的英国士兵，他于2009年7月去世。一位著名的历史学家说道，帕奇的离世"把'一战'中英国的所作所为带入了历史"。[1]从理论上说，这一说法是正确的，但事实上，战争的创伤还在隐隐作痛，人们渴望和平的热情仍旧高涨，1914～1918年的这场战争不可能就这样悄悄地远离人们而成为历史。一百年过去了，对于"一战"的意义，或者说这场战争到底有无意义，人们还在进行着激烈的争论。在纪念"一战"爆发一百周年之际，无数关于"一战"题材的图书出版发行，相关题材的电影也被搬上银幕。令一些学者感到困惑的是，以前那些仅限于研讨会或学术期刊的学术争论，现在也成了头版新闻。[2]在许多讲英语的国家以及欧洲的一些地区，第一次世界大战似乎仍然如时事新闻一般拥有一定热度。

政治家、演员以及流行歌手们都迫不及待地说出自己对"一战"的看法。2013年5月，英国《卫报》（The Guardian）发表了一封来自一群演员、音乐家、诗人和政治家的信。信中对英国政府的"一战"纪念活动进行了抨击，称"一战""远不是'以战止战'，也不是什么所谓的'民主的胜利'，而是一场军事灾难，是一场人祸"。[3]该信迅速在某些圈子里传开，被称为"煽情者来信"。《今日历史》（History Today）的编辑保罗·莱（Paul Lay）通过在推特上发文对此信做了回应："告诉你'如何纪念第一次世界大战'，不要去请教历史学家，去请教这些'煽情者'就好。"紧接着他又在推特上发了一条："然后请看凯特·哈德森（Kate Hudson）、布莱恩·伊诺（Brian Eno）和裘德·洛（Jude Law）最近的论文，是关于急性淋巴细胞白血病的。"[4]虽然莱的观点有点夸张，但是一语中的，因为历史研究与分析是一项高度专业性的工作。与许多其他历史事件相比，第一次世界大战更能激发人们公开发表自己观点的热情，但是，许多人的观点认知有限，理解片面。

期待第一次世界大战的百年纪念能引起人们对第一次世界大战的兴趣（坦白地讲，从人们对一些成见进行回应的规模和激烈程度上可以看出，人们对此并没有足够的兴趣），所以应邀撰写一本关于"一战"的书，对我而言是一件令人欣慰的事。要用数十万字言简意赅地描述如此宏大的题材，我准备重点写三个方面：首先，重点写有争议的战争起因问题；其次，用最大的篇幅描写第一次世界大战军事史，我冒昧地把这一主题作为该书的核心部分；第三，我认为第一次世界大战是一场"全面"战争，因此本书最后有一个简单的总结，追溯战争对世界造成的影响。我很清楚，这样的思路就意味着有些话题或者一笔带过，或者略过不表。对话题和资料的取舍，我不得不忍痛割爱。不过，我希望通过叙述事实与分析事实相结合的方法，并结合最新的研究成果，可以使读者不仅能对1914～1918年间所发生的事情有一个基本的了解，同时还能认清它们是怎样发生的，以及为什么会发生。

目 录

第 1 章　战争降临

第 2 章　从冲突到对峙（1914~1915）

第3章　战争升级（1916）

第4章　筋疲力竭（1917）

第5章　转折与进攻（1918）

战争降临

A
SHORT HISTORY OF
THE FIRST
WORLD WAR

谁之罪？

20世纪30年代，大卫·劳合·乔治①在写战争回忆录时，提出了这样一个问题："为什么世界会陷入突如其来的、可怕的第一次世界大战呢？"这位在"一战"后半期任英国首相的男士这样回答了自己的问题：这是一场悲惨的事件，"没人希望爆发战争"，但是"各个国家已经是箭在弦上，不得不发了"。[1]大卫·劳合·乔治的观点也是当时人们对"一战"的普遍看法，最有力的证明就是美国历史学家悉尼·B. 费伊（Sydney B. Fay）1929年提出的："没有哪一个国家，也没有哪一个人，要对战争负全部或者主要责任。"费伊还进一步谴责了1919年《凡尔赛和约》里所谓的"战争罪责条款"（War Guilt clause），该条款声称"德国与其盟国的侵略"应对这场战争负责。[2]

《凡尔赛和约》对战争起因做出的裁决，远远超出了那个半退休的政客在回忆录中阐明的观点，也远远超出了那位历史学家在象牙塔里做出的武断结论。他们企图动摇第一次世界大战的意

---

① 大卫·劳合·乔治（David Lloyd George，1863～1945），曾任英国首相，领导英国取得第一次世界大战的胜利。——编者注

义，这可是一场导致数以百万计的人丧生的战争。如果说这场战争属于偶然，那么是否意味着它是可以避免的？引申而言，是不是千百万人的死亡就毫无价值呢？这场骇人听闻的、毁灭性的战争，带来的战后世界格局并不理想，因此给人们徒劳无功的感觉，令人认为第一次世界大战完全不值得进行。2012年，备受尊敬的学者克里斯托弗·克拉克（Christopher Clark）出版了一本关于"一战"缘由的著作《梦游者》（*Sleepwalkers*），产生很大影响，该书的观点本质上与大卫·劳合·乔治和费伊没有两样。在书中，克拉克声称：

　　1914年第一次世界大战的爆发不像阿加莎·克里斯蒂（Agatha Christie）的剧本那样，剧本的结尾我们总能看到舞台上的尸体旁站着一名凶手，他手里的枪还冒着烟。"一战"这段故事里没有冒烟的枪，也可以说，故事里每个主要角色手里都有一把冒烟的枪。从这个角度来看，战争的爆发是灾难，不是罪行。

　　回避战争的罪咎成了时尚。在一场报刊辩论中，另一位学者理查德·J. 埃文斯（Richard J. Evans）也赞同克拉克的观点，认为"是时候远离'指责游戏'了"，他转而又说这场战争毫无意义，"1918年战争虽然终结，却没有胜利者……那些参战的英国男人们可能认为他们在为保卫自由而战，他们错了"。玛格丽特·麦克米伦（Margaret MacMillan）写了一部600多页的著作来讨论战争的起因问题，但是到底是谁挑起了这场战争，她却没有得出明确的结论。[3]有一则关于《梦游者》一书的评论，称克拉克的观点"成功地把那些旧的历史共识扔进了垃圾桶"。[4]事实并非如此，克拉克的《梦游者》只不过是对一场重大历史事件的辩论，既不会有太大的影响也不会没有影响，尽管该著作也引起了研究历史的圈外人士的极大关注。这场辩论还在进行。

评价史学作品，必须依据它们产生的时代背景来进行。到20世纪20年代后期，出现了为"一战"翻案的声音。《凡尔赛和约》在一些国家受到指责：英国和美国的自由主义者斥责它太过苛刻（这种观点当然受到德国的欢迎）；经济学家约翰·梅纳德·凯恩斯（John Maynard Keynes）于1919年撰写了一部颇有影响的著作《和平的经济后果》（*The Economic Consequences of the Peace*），其中对该条约进行了无情的抨击。大卫·劳合·乔治的战争回忆录相较于战争诗人、英国前陆军军官齐格菲·沙逊（Siegfried Sassoon）的作品，更有资格被列为"幻灭文学"（literature of disillusionment）之类。费伊是在大众质疑"美国延迟进入战争是否明智"这一背景下进行写作的。同样，在21世纪的第二个十年，时值伊拉克战争和阿富汗战争结束之际，人们已不再幻想通过武力来解决政治问题。我们应该设法从战争发生的那个时代的角度来看待第一次世界大战，尽量避免马后炮式的观点，避免把21世纪的价值观强加给100年前的人们。

历史学家霍尔格·赫维希（Holger Herwig）在评价《梦游者》和另外一部作品（这部作品中指出1914年的决策者犯了"疏忽的错误，而不是犯罪"）时指出，这两部著作的观点"很危险，把我们带回到"大卫·劳合·乔治对"一战"的认识上，大卫·劳合·乔治认为列强是跟跄卷入了战争。[5]这种"卷入论"是对关于"一战"所做的50年研究的否定。赫维希是对的，事实胜于雄辩，德意志帝国和奥匈帝国正是第一次世界大战的始作俑者。

德国势力的上升

第一次世界大战的起因最早应追溯到1871年。在那之前，法国一直是欧洲大陆的军事强国，可是那一年，法国皇帝拿破仑三世吃了败仗，德国的各个诸侯国（奥地利除外）在普鲁士人的领导下统一为一个国家。普鲁士的国王成了德意志帝国皇帝，即威廉一世。如此大的势力变化通常会导致冲突发生，至少造成国际环境不稳定，然而1871年的这一次却是一个例外。在"铁血首相"奥托·冯·俾斯麦（Otto von Bismarck）的领导下，一个新的国际平衡格局建立起来。德意志帝国并没有把统一看作是侵略他国的平台，而是变成维持现状的力量。尽管法国没有因为1871年的战败而承认阿尔萨斯（Alsace）和洛林（Lorraine）两个省被割走，但是俾斯麦却老练地把这两个地区与法国在外交上隔离开来。此外，英国也并不认为德意志帝国的兴起会对其安全构成威胁，同时，柏林政权与奥匈帝国和俄国达成了和解。

1888年德国皇帝威廉二世登基后情况发生了变化。威廉二世是维多利亚女王的外孙，所以也算是半个英国人。他在国际事务中起到了一些不稳定性的影响。或许他有点心智失常［1891

年，时任英国首相的索尔兹伯里勋爵（Lord Salisbury）见到威廉
二世，曾怀疑那时的德国皇帝"神志清醒"]，他酷爱穿着花哨
的制服，性格多变。威廉既想皇权在握，又想抓住首相的权力。
他在1890年解除俾斯麦的首相职务后，自己越俎代庖，而事实证
明他无法胜任首相一职。他不擅长外交，却在19世纪90年代推行
新的德国外交政策——"世界政策"（Weltpolitik），使得局势进
一步恶化。"世界政策"驱使德国去争夺殖民地，扩大德国的势
力范围和经济影响力。在此过程中，俾斯麦原先精心建立的联盟
体系被瓦解，与俄国签订的作为政治基础的《再保条约》（The
Reinsurance Treaty）失效。更糟糕的是，1892年法国和俄国结成

图1-1　德国皇帝、普鲁士国王威廉二世（1888~1918年在位）

同盟。起初，两国只是将此作为对抗德国、奥匈帝国和意大利王国"三国同盟"（Triple Alliance）的一个谨慎的对策。但随着20世纪初期国际局势紧张加剧，尤其是当英国以法国、俄国的潜在伙伴角色出现时，法俄同盟的意义就远远不止这些了。

英国本土和庞大海外领地的安全，最终都有赖于它的制海权。一直以来，英国陆军实力相对偏弱，皇家海军却强大有力。英国历来对敌对海军力量非常敏感，这就意味着像荷兰、比利时这样的低地国家，对它而言具有极其重要的战略意义。换句话说，这些地方不能落入敌对国家之手，这是英国一贯坚守的政策。此外，英国还有其他外交政策来阻止他国称霸欧洲。为追求这样的战略目标，英国已经和路易十四以及拿破仑统治下的法国开过战。19世纪下半叶，由于没有类似的欧洲强权威胁，英国得以坐享"光荣孤立"，远离欧洲大陆事端。事实上，对英国构成潜在威胁的是欧洲大陆上的帝国集团，最明显的敌人就是法国这个老对手，还有俄国。1898年，法国和英国在苏丹有争议地区发生冲突，差点兵戎相见，这次"法绍达事件"（Fashoda incident）充分暴露出帝国主义国家在非洲争夺殖民地的野心。俄国与英国在阿富汗和波斯地区长期竞争，英国一直担心俄国入侵印度拉吉斯坦省。然而在另一方面，大约在1900年之前，英国曾把德国看作是友好国家。

1898年，德国通过了第一部旨在建立强大海军舰队的《海军法》（Naval Laws），这标志着海军军备竞赛的开始。德国公海舰队（High Seas Fleet）的缔造者——海军将领阿尔弗雷德·冯·提尔皮茨（Alfred von Tirpitz），利用威廉二世对其母亲的祖国英国的嫉妒，对这位皇帝说，组建公海舰队可以挑战英国皇家海军，英国就会"屈服于陛下强大的制海权，而陛下就可以实现伟大的海外政策"。[6]但这一政策是灾难性的，它破坏了与伦敦的关系，英国接受了这一挑战。1914年，英国皇家海军主力舰船的数量远远超过了竞争对手德国。尽管后来发生的很多重大事件都为英德关系罩上了一层阴霾，例如在第二次南非战争[①]中，威廉二世高调支持布尔人，德国对英国皇家海军的安全形成了公开的威胁，这无疑是最终导致英德之间敌意和猜疑不断加深的重要原因。

20世纪最初几年里出现了外交革命的明显标志，即英国和法国于1904年签署了"友好协议"。这份协议远没有达到形成军事联盟的程度，也不是主要针对德国，不过它在企图解决两国长期存在的问题上，尤其是解决殖民地纠纷问题上，是一次很成功的尝试。但是，随着20世纪前十年渐渐过去，英国和法国对德国的野心和侵略意图越来越担忧，此时该协议在将两个国家联合起来的方面意义重大。1905年和1911年，德国先后两次在摩洛哥耀武扬威，在法国看来，摩洛哥属于自己的势力范围。从旁观者的角度来看，德国希望从法国的势力扩张中获得补偿的拙劣行径，在道义上与法国的帝国主义行径所表现出来的姿态似乎没有两样。但是在当时，这两次摩洛哥危机，被视为柏林推行危险的外交冒险政策的信号。由于德国做出对抗法国的帝国主义的姿态并

---

① 第二次南非战争，又称第二次布尔战争，是 1899 年 10 月至 1902 年 5 月，英国同荷兰移民后裔布尔人建立的德兰士瓦共和国和奥兰治自由邦之间进行的一场战争。——编者注

挑战英国的海上霸权，英法两国关系更紧密了。两国高层在军事上开始秘密磋商，为了防止法国在西部与德国交战，英国军队开赴法国，部署到法军的左翼，法国海军则重点防备地中海地区，法国北部海岸线由英国皇家海军负责保卫。这些协议的达成，并没有正式的、有约束力的同盟关系做保证，所以在1914年8月初，当英军表现出不想卷入战争之时，法国产生了深深的焦虑。

　　1907年8月，英国与另一个殖民地竞争对手、法国的盟友——俄国签订了一份协议。该协议缓解了两国在波斯及中亚地区争夺的紧张局势，这也符合俄国的利益，因为沙皇政府从此就能够专注于在经历1904～1905年对日本战败和1905年大革命的双重灾难后休养生息。正如1906年英国自由派外交大臣爱德华·格雷（Edward Grey）爵士所说，与俄国达成协议可以"完善和加强与法国的友好协议，还可以极大地增强我们的安全感，以及巩固我们的地位"。[7]与英法之间的"友好协议"一样，英国与俄国的这个新协议也远远没有达到建立联盟的程度。但是英国、法国和俄国的组合越来越表现得像一个势力集团，然而表面现象具有欺骗性，英国只会在某些情况下支持法国。再者，英国只是道义上的承诺，并没有条约义务。[8]爱德华·格雷赞成用两厢情愿的方法来解决国际争端，也就是按照19世纪"欧洲协调"方式，各个大国通过派代表开会协商平息危机。譬如，1912年巴尔干战争之后，格雷以调停人的身份在伦敦的一次磋商会上促成了和平。在此次会议中，格雷并没有总是支持英国的协约国伙伴，在一些关键问题上却站在了奥地利的立场。[9]事实上，1914年8

月英国之所以参与第一次世界大战，并且把协约国变成了名副其实的军事同盟，在很大程度上还是因为德国入侵比利时这一不明智的战略。

奥匈帝国的关键角色

近些年，奥匈帝国在导致第一次世界大战中所承担的角色受到公认。1866年，德国发动了一场短期战争打败了奥地利，但是战败国奥地利由于受到俄国不信任的刺激，很快就成为战胜国德国的新盟友，并于1879年与德国签署了一份协议。奥地利是哈布斯堡王朝统治下的一个多民族、多语言的帝国。滋生于欧洲大陆的民族主义成为动摇哈布斯堡王朝内部凝聚力一个尤为严重的威胁，甚至直接威胁到奥地利的存在。为承认匈牙利民族主义的力量，1867年奥地利做出重大让步，更名为"奥匈帝国"。匈牙利人获得了与奥地利人大体平等的地位，但是还有许多其他民族，如捷克人和塞尔维亚人，他们的民族主义愿望仍未能得到满足。

1859年，奥匈帝国失去了它在意大利的传统势力范围，7年后又失去了在德国的势力范围，于是它更把希望寄托在巴尔干半岛。奥斯曼帝国的衰落使其在巴尔干半岛地区的势力被削弱，1878年，根据《柏林国际条约》(the international Treaty of Berlin)，奥匈帝国占领了曾属奥斯曼帝国的波斯尼亚—黑塞哥维那地区。但此时奥匈帝国不得不面对一个以巴尔干半岛民族主义形式出现的敌对组织，他们致力于建立独立的塞尔维亚国家，统治所有的塞尔维亚人，其中包括定居在波斯尼亚—黑塞哥维那地区的大量塞尔维亚人。这件事的幕后主谋是俄国，它把自己看作是南部斯拉夫人的保护者。

1908年，奥匈帝国正式吞并波斯尼亚—黑塞哥维那，这起事件造成国际局势高度紧张。在某种程度上，这是对"青年土耳其党"①在伊斯坦布尔夺取政权所做的回应。这个新政权志在实现现代化和重振奥斯曼帝国。这种重振奥斯曼帝国的企图恰恰与奥匈帝国的利益相冲突，同时也与塞尔维亚以及其他地区的泛斯拉夫主义者的利益相冲突，这是少有的利益巧合。[10]奥匈帝国把吞并波斯尼亚—黑塞哥维那看成是预防塞尔维亚势力壮大的手段。由于德国对奥匈帝国的支持，俄国和塞尔维亚都不愿意把问题推向战争的边缘（俄国由于刚刚败给日本，其实力被削弱，而它的协约国盟友已经表明不愿意支持它的立场）。

至此，我们已经了解了列强之间处于战争边缘的紧张局势的全貌。因为我们知道1914年8月发生了什么，会忍不住要去读1914年之前的历史，应该把1871年之后的国际关系看作是第一次世界大战爆发的大序幕，这期间的历史非常糟糕。下面这个问题可以帮助我们厘清重点，那就是：为什么全面战争会在1914年爆发呢？

可以明确的是，1914年之前的4年里，国际关系的走向造成了1914年夏天国际局势的极其不稳定。

---

① 青年土耳其党，1894年成立于伊斯坦布尔，它代表资产阶级和自由派地主的利益，并主张保持奥斯曼帝国的领土完整。——编者注

1908 年，波斯尼亚危机导致国际局势极度动荡。[11]在这场事件中，奥匈帝国吞并了波斯尼亚—黑塞哥维那，这一行为违反了国际法，并且标志着国际关系进入了一个新的危险时期。此事使俄国更加怀疑奥匈帝国在这一地区的企图，俄国彻底结束了与奥匈帝国共同维护巴尔干半岛地区稳定的合作。此外，在第一次世界战爆发前的三年时间里，还发生了两次战争，令国际局势更加动荡不安。在 1911 年，意大利因感觉到奥斯曼帝国的衰弱，主动挑起战争，占领了利比亚。意大利的行动向世界表明：奥斯曼帝国，这个长期以来被内忧外患缠身的国家，可能到了崩溃的边缘。到 1912 年，奥斯曼帝国崩溃的可能性愈发突出，这一年，巴尔干同盟（塞尔维亚、保加利亚、希腊、黑山）联合攻击奥斯曼帝国，很快占领了它在欧洲的绝大部分领地。1913 年，爆发了第二场战争，保加利亚不满由俄国和奥匈帝国做中间人进行调停而得来的和平，侵占了塞尔维亚领土，但很快就被塞尔维亚、罗马尼亚、希腊和奥斯曼帝国打败。

奥地利人不得不警惕"自己在巴尔干半岛边境接壤的新塞尔维亚，这个庞大的、好斗的、敌对的南部斯拉夫语国家"，正是这个塞尔维亚，无时无刻不在想把奥匈帝国里的塞尔维亚纳入自己的版图。[12]俄国也把巴尔干半岛看成自家的后院，长期以来其外交政策的目标就是要控制分隔欧洲和亚洲的达达尼尔海峡，达达尼尔海峡同时也是从黑海进入地中海的水上要道。巴尔干战争引起了俄国的不安，担心其他国家可能占领奥斯曼帝国首都伊斯坦布尔，进而夺取达达尼尔海峡。德国任命自己的军官李曼·冯·桑德斯（Liman von Sanders）去指挥达达尼尔海峡的奥斯曼军队，加深了德国对奥斯曼帝国的影响，也加剧了俄国的担忧。鉴于奥斯曼帝国先后在利比亚和巴尔干战败，预测它的瓦解似乎并不牵强，奥匈帝国尤其是德国，正好可以从中获利。1914年初，俄国拦截了一批德国的秘密物资，这些物资进一步加深了俄国的担忧。种种迹象表明，如果奥斯曼帝国瓦解，德国想要的不仅是伊斯坦布尔，而且还有更大的侵略野心——柏林正在进行一场舆论宣传，好让德国民众做好对法国和俄国开战的准备。[13]

国际体系

　　国际体系作为各个国际行为主体彼此间相互关联的整体，由于并未发挥维持和平的作用，已经受到了广泛质疑。尽管这个体系还有瑕疵，但德国还是在俾斯麦首相的外交政策下与其他国家和平共处，而他的继任者推行众多与其他国家对抗的政策，才使国际体系难以继续维持和平。保罗·W.施罗德（Paul W. Schroeder）谴责了大约在1870年后兴起的"新帝国主义"（New Imperialism）精神，这种精神鼓励侵略，尤其是鼓励向欧洲以外扩大疆域，但也不仅仅局限于此。[14]依照这种逻辑，奥匈帝国和德国于1914年发动了战争，只是效法1899年英国攻打布尔共和国、美国1898年攻打西班牙以及塞尔维亚1912~1913年攻打奥斯曼帝国及其巴尔干半岛邻国。虽然帝国主义者这种心态可能源自欧洲同盟的逐步瓦解，但是这种观点并不能完全令人信服。当时的人们受到我们今天视为种族主义思想的影响，认为对欧洲之外的侵略扩张，不同于在欧洲范围内大国对其他国家的侵略；同样，一个小国在巴尔干半岛边境地区的行为与大国在欧洲对其他国家的侵略威胁也不一样。特别是1905～1906年、1908～1909年和1911～1912年的危机期间，德国领导人通过武力威胁的方式推行"外交冒险"政策，被其他国家看作是在破坏稳定的国际局势。

德国认为自己被协约国（指英、法、俄三国）"包围了"的看法是夸大事实（正如人们所知，在危机情况下，英国并不是要向俄国和法国提供无条件支持），其实这种局面是德国自己造成的。1892～1894年，出于对德国的担忧，法国与俄国结成联盟，随后德国的侵略行径愈发使两国感到忧虑，这促使英国也加入法俄联盟结成协约国。此外，英国外交大臣爱德华·格雷无数次建议恢复"欧洲协调"制度，希望通过国际合作解决维也纳（奥匈帝国）同贝尔格莱德（塞尔维亚）之间的争端，但遭到德国和奥匈帝国的拒绝。这表明在一个"失效"的国际体系中，一个政客或者一个政府的决策有多么重要，国际体系只有各方都愿意遵守时才能发挥作用。1878年的保加利亚危机就是通过国际会议解决的，这为1914年萨拉热窝暗杀事件造成的危机提供了很好的样板。如果充分重视塞尔维亚民族主义和奥匈帝国在巴尔干半岛地区的利益，充分估计这两大对立因素会对国际体系造成的破坏，1914年的"七月危机"①本可以通过大国的协调得以和平解决的，当然前提是德国和奥匈帝国希望和平解决。但是，由于这些国家的领导人都希望从危机中获取好处，至少可以摧毁塞尔维亚，因此并无兴趣和平解决危机。

同样，尽管过去有一种观点认为，敌对的国家联盟的存在，使本来只是巴尔干地区的局部争端演变成了整个欧洲的冲突，事实上，联盟的存在并不一定会导致欧洲全面战争的爆发。刚好相反，国家结成联盟可以稳定局势，尤其是联盟具有威慑力，而且作为联盟成员国需要遵守纪律。但1914年的问题是，当时的联盟太弱小了。开战时意大利保持中立，这令它的盟友非常恼火，1915年它又加入了协约国，进一步站到了背离的立场上。德国认为，协约国是建立在极不牢固的基础上的，不管有无战争，1914年的"七月危机"都足以使这个集团瓦解。正如弗兰克·麦克多诺（Frank McDonough）所说："战争爆发的根本原因在于完全没有有效的办法平衡欧洲列强的势力，而不是这些列强的存在本身。"[15]

将导致第一次世界大战的责任归于帝国主义行径——战争爆发是帝国主义列强为了争夺殖民地、原材料和海外市场，这种观点曾一度很受追捧。有些观点认为，从经济的角度来看德国的"世界政策"，"世界政策"受到德国国内资本家的拥护，其他大国的资本家也是其国家外交政策

---

① 七月危机，即指1914年6月28日发生萨拉热窝事件后的一个月所发生的一系列事件。这些事件直接加速了第一次世界大战的爆发。——编者注

的"幕后推手",这势必会引发资本主义国家间的矛盾。再引用麦克多诺的话来说,"为了确保一个垄断的资本家集团能够在未来主宰另一个集团,成百上千万的人就要做出牺牲"。[16]从表面上看,大量的事实证明这一理论是对的,譬如英法两国在非洲和太平洋抢走德国的殖民地,而德国在战后和平时期从俄国的废墟中和奥斯曼帝国的崩溃中开疆扩土。然而,这样的"帝国主义"是另一场因为不同原因爆发的战争的不幸产物。各个帝国都习惯于用武力从战败的敌人那里抢占额外的领土,例如150年前英国在"七年战争"中就是这么做的,那就是帝国主义列强所为。

最近,又出现了与"帝国主义论"抗衡的另一种观点,即"不可能战争"说。这是居于英国的德国历史学家霍尔格·阿夫勒马赫(Holger Afflerbach)提出来的。他认为,第一次世界大战的爆发出乎很多欧洲人的意料,包括那些在军事和政治方面关键的决策性人物,这些人坚信"和平是有保障的",所以他们冒了很大风险。[17]当然,有许多理由说明第一次世界大战看起来是不可能的。譬如当时的欧洲经济日益相互依赖。诺曼·安吉尔(Norman Angell)在1910年写过一本颇有影响的书,指出国家可以通过战争获得好处纯属"伟大的幻想"。另外,他还提出一个国家想"通过征服另一个国家来造福自己是不可能的……"。I.S.布洛赫(I.S. Bloch)的《战争现在不可能吗?》(*Is War Now Impossible?*)也是一本畅销书,其经过删节的英文译本于

1899年出版。布洛赫在书中提到："技术"会带来战场上的僵持局面和经济体间的消耗战，这会导致社会解体。[18]还有其他因素，譬如国际法也会让各个国家走到一起。尽管"不可能战争说"没有得到广泛认可，但是它也提醒人们，促进稳定的某些因素可能同时也会成为引发战争的压力，就这一点来看，"不可能战争说"的确是有重要意义的。国际体系可能有千错万错，但并不是导致战争的罪魁祸首。

七月危机

第一次世界大战的直接导火索是：1914年6月28日，奥匈帝国皇储弗朗茨·斐迪南（Franz Ferdinand）大公被一位名叫加夫里洛·普林西普（Gavrilo Princip）的塞尔维亚青年刺杀。当时，弗朗茨·斐迪南正在波斯尼亚—黑塞哥维那首都萨拉热窝访问。奥匈帝国政府认为，刺杀事件是塞尔维亚的直接挑衅。其实，普林西普是奥匈帝国控制的波斯尼亚的塞尔维亚人，当时塞尔维亚的中央权力很弱小。德拉古廷·迪米特里耶维奇（Dragutin Dimitrijevic，亦称为"阿卑斯"，Apis）既是塞尔维亚军事情报部负责人也是黑手党[①]头目，他武装了一批刺客，准备间接打

---

① 黑手党（the Black Hand），第一次世界大战期间的塞尔维亚秘密组织，为应对塞尔维亚和奥匈帝国间可能引发的战争而招募和训练游击队员，这个组织与意大利黑手党（Maf ia）并没有直接关系。——编者注

击他的政治对手——塞尔维亚首相尼古拉斯·帕斯克（Nicholas Pasic）。但是，即使是黑手会头目也无法控制他手下人的行动，而且那也可能是一起由当地激进分子所为的"自由式"杀戮。不管怎样，首相帕斯克觉察到危险，并提醒了奥地利人，但是他的提醒太模糊，以至于没有什么帮助。[19]

有人说帕斯克没能阻止"叛徒"阿卑斯把敢死队派往哈布斯堡王朝的领地，致使塞尔维亚落入"行为失常国家"之列，或者至少是变成失败的国家。[20]这种思维使奥匈帝国1914年7月的军事进攻合理化。无论如何，萨拉热窝事件不是国家支持的恐怖主义事件，阿卑斯跟"七月危机"时期的刺客也没有明确的联系。阿卑斯的侄子后来称，如果他叔叔确实脱不掉干系，那么事情就复杂了，"整个塞尔维亚总参谋部，或许贝尔格莱德政府都被卷进了犯罪"，这样的话，给塞尔维亚带来的"灾难就大了"。[21]之后奥匈帝国对塞尔维亚基本没有采取什么行动，3周后却向塞尔维亚发出了措辞严厉的最后通牒，贝尔格莱德立刻接受了通牒里面的多数条款，此举弱化了其他列强认为塞尔维亚是"行为失常国家"的观点。表面上看，塞尔维亚是"行为失常国家"，应该受到奥匈帝国的侵略以示惩罚的观点是合乎情理的，但是忽略了另一个极大的可能性，前面已经提到，如果召开一个国际会议，塞尔维亚肯定会受到"惩罚"，但绝不是战争。更进一步说，萨拉热窝危机没有彻底改变其他大国对巴尔干半岛稳定局势的认识，以至于法国、英国特别是俄国都袖手旁观，任由奥匈帝国去处置。

在维也纳，鹰派人物如康拉德·冯·赫岑多夫（Conrad von Hötzendorf）将军、外交大臣利奥波德·冯·贝希托尔德（Leopold von Berchtold）伯爵，甚至年迈的皇帝弗朗茨·约瑟夫（Franz Josef）都决心要利用萨拉热窝刺杀事件教训一下塞尔维亚人。[22] 与塞尔维亚交战的机会在1912~1913年巴尔干战争中错过了，现在出乎预料的又一个机会突然降临。为了达到这个目的，尽管塞尔维亚于1914年7月23日接受了奥匈帝国最后通牒中提出的绝大多数苛刻的条款，这些条款实质上把塞尔维亚变成了十足的附庸国，但奥匈帝国还是在1914年7月28日宣战了。维也纳一心希望通过打垮塞尔维亚以消灭自己的敌人，最后关头甚至担心"国际协调"会阻止这场战争，于是炮轰贝尔格莱德，使战争成为既成事实。如果说有哪个国家在1914年夏天的行径像行为失常国家一样的话，这个国家就是奥匈帝国。它渴望与塞尔维亚打一场局部战争，即便有可能把俄国拖进来，有可能使局部战争演变成一场大战，但奥匈帝国的决策者还是愿意冒险打这个赌。显然，奥匈帝国要对引发第一次世界大战负主要责任。

德国对第一次世界大战的爆发亦有不可推卸的责任。如果我们更仔细地回顾和审视"七月危机"，德国所扮演的关键角色就昭然若揭。奥匈帝国的决策者决定进攻塞尔维亚以报复萨拉热窝刺杀事件时，它向盟友求援。没有柏林的支持，奥匈帝国绝不可能推进这个危险的行动计划。柏林和维也纳一样，此时也渴望着一场战争。1914年7月4日，弗朗茨·约瑟夫皇帝写信给德皇威廉二世，称奥匈帝国希望"消除巴尔干地区的塞尔维亚势力"。[23]第二天，奥匈帝国外交部的霍约斯（Hoyos）伯爵和大使冯·瑟杰尼–马里奇（von Szögyény-Marich）伯爵在柏林进行了高级别讨论，他们要求支援的请求得到了德皇和德国外交部长亚瑟·齐默尔曼（Arthur Zimmerman）的同情。后来，威廉二世召集埃里克·冯·法尔肯海因（Erich von Falkenhayn）将军、特奥巴登·冯·贝特曼·霍尔维格（Theobald von Bethmann Hollweg）首相以及军事内阁大臣莫利茨·冯·林克（Moriz von Lyncker）男爵开会，会议"考虑了俄国干预的问题和接受全面战争的风险"。[24]那天晚上，冯·瑟杰尼-马里奇伯爵给维也纳发去一份电报：

> 德皇授权我告知尊敬的陛下，在这件事情上，如同其他所有事一样，我们都可以得到德国的全力支持……（但）这次行动一定要快，不能拖延。毋庸置疑，俄国的态度肯定是敌对的，但德皇为此已经准备了多年，万一奥匈帝国和俄国之间难免一战的话，我们可以放心，我们的忠诚盟友德国会支持我们。就目前而言，俄国还没有充分的战争准备，诉诸武力前它会三思。[25]

因此，1914年7月5日，威廉二世公开表示了对奥匈帝国无条件的全面支持，这就是历史上著名的"空白支票"（the blank check）。第二天，德国首相贝特曼·霍尔维格和外交部长齐默尔曼不假思索就赞同了威廉二世的主张。

德国和奥匈帝国结合在一起，决心无论冒多大的风险都要给塞尔维亚以坚决的打击。奥地利外交部的福尔加赫（Forgách）伯爵7月8日私下写道：利奥波德·冯·贝希托尔德伯爵决定，

> ……利用萨拉热窝事件引起的恐慌，以武力消灭我们的敌

人——塞尔维亚……我们完全同意柏林的意见。德皇与德国首相比任何时候都更果断，他们打算全面对抗俄国，甚至不惜冒世界大战之危险……他们认为时机有利，建议尽快实施打击……[26]

刚开始时，危机升级不快，部分原因在于匈牙利首相蒂查（Tisza）不太同意对塞尔维亚采取军事行动。1914年7月14日，蒂查有所保留地同意了对塞尔维亚采取军事行动。局势发展引起了俄国的震惊，1914年7月18日，俄国外交部长S.D. 萨佐诺夫（S.D. Sazonov）对奥匈帝国表态：俄国不会对破坏塞尔维亚独立的行为坐视不管。法国总统雷蒙德·庞加莱（Raymond Poincaré）支持俄国对维也纳的明确警告，在7月21日提醒奥地利驻圣彼得堡的大使说，俄国和塞尔维亚是朋友关系，法国是俄国的盟友。这明确地画了一条红线，不过奥匈帝国忽视了这点，他们还是在7月23日向塞尔维亚政府发出了最后通牒，通牒的条款十分苛刻，以至于俄国外交部长萨佐诺夫在7月24日听到后立即表示"欧洲的战争来了"。[27]然而，令欧洲政治家们吃惊的是，除了一条相对无关紧要的条款外，7月25日塞尔维亚首相帕斯克几乎接受了所有要求。尽管最后通牒让塞尔维亚民众蒙受了屈辱，而且对暗杀事件的报复完全超出了旁观者认为的合理程度，奥匈帝国还是于7月28日宣战了。第二天，贝尔格莱德遭到炮击。英国外交大臣爱德华·格雷爵士对事态的发展深感忧虑，于7月29日召见了德国驻英国大使，强烈要求进行调解，并警告说英国有可能站在法国和俄国一边参与一场全面战争。

俄国对维也纳的行动做出了反应，于7月30日做了军事调动。第二天，德国向俄国发出最后通牒，紧接着8月1日对俄国宣战，8月3日对法国宣战。德国要求中立国比利时允许德国军队从它的国土经过，当要求遭到拒绝时，德国军队于8月4日入侵比利时，这件事是英国参战的导火索。除于1914年10月底加入同盟国（Central Powers，与德国联盟的国家总称）的奥斯曼帝国以及最初保持中立的意大利外，到1914年8月5日，所有欧洲大国都加入了战争。

图1-2　陆军元帅康拉德·冯·赫岑多夫
（1912~1917年任奥匈帝国军队总参谋长）

细数1914年7月至8月所发生的事情是一回事，可是要看清这些交战国的动机却是另外一回事。就奥匈帝国而言，它似乎坚信国家有危险，甚至是面临生死存亡的危险。1912~1913年的战争，严重削弱了奥匈帝国在巴尔干半岛的地位，而巴尔干半岛是它仅剩下的势力范围。打击塞尔维亚这个新壮大起来的傲慢国家，可以给奥匈帝国一个阻止自己衰退的机会。近年来的研究表明，维也纳没有具体的战争目标，有些权势人物，如康拉德对获胜的可能性表示悲观。但是，奥匈帝国的决策者们被蒙住了眼睛，不惜一切代价，一心要找塞尔维亚算账。就奥匈帝国和德国而言，"战争既是目的也是目标"。[28]

费舍尔之争

过去的50年间，有人首先就第一次世界大战的起因问题提出了异议，他就是德国历史学家弗里茨·费舍尔（Fritz Fischer）。他的著作于1961年出版，具有很强的影响力，尤其是在德国。在他的第一部著作《不妥协的德国》（*Germany's Grab for World Powder*）中，费舍尔关于第一次世界大战是由于"德国攫取世界权力"引起的观点，[29]打破了欧洲于1914年跟跄着被拖入战争的共识。德国尽管非常清楚巴尔干地区冲突升级极可能导致俄国介入，从而变成欧洲大战，但还是火上浇油，坚决支持奥匈帝国。之后费舍尔的另一部著作《幻想之战》（*War of Illusions*），以战前尤其是"一战"前四年德国的外交政策为背景描述"七月危机"。[30]费舍尔重点写了1912年12月8日所谓的"战争会议"。正是在这次会议上，德国做出了约18个月后发动战争的决定。1912

年，在德国议会选举中，德国社会民主党成为议会中的最大党团，这让威廉二世十分担心，他害怕国内社会民主党势力壮大。所以帝国政府采取了由来已久的以战争打击国外敌人的做法，把民众团结在政府周围。德国国内政治内乱引发的恐惧与担忧情绪，在德国发动第一次世界大战的决策上起了主要作用。用费舍尔的话说："第一次世界大战不仅为维护和加强旧的社会和政治秩序提供了机会，也拉拢了社会民主党。"[31]

费舍尔观点的关键还在于他对德国首相贝特曼·霍尔维格的描述，说他执意要发动侵略战争。这包括说贝特曼·霍尔维格是掠夺领土的"九月计划"的主导者。该计划是一个领土吞并计划，旨在加强德国在欧洲大陆的主宰地位。这完全颠覆了早期对德国首相的评价，此前的评价称他是"懦弱的调停员，一位劝解人"。[32]正如一位英国历史学家1966年所评价的那样："费舍尔教授的新观点很好地说明了贝特曼·霍尔维格的性格以及发动'一战'的目的，新的观点令人震撼。"[33]费舍尔明确地指出了威廉二世统治下的德国外交政策，与希特勒统治下的第三帝国的外交政策之间的连续性。尽管有关贝特曼·霍尔维格是希特勒的先驱的说法有些牵强附会，但在第一次世界大战中，如果不考虑种族屠杀这一点，德国确实在东部刻画出一个为"生存空间"（Lebensraum）而战的帝国形象，这正是纳粹时代所奉行的理念。费舍尔提出这些观点的时间，恰逢德国反思第二次世界大战（在本书中亦简称"二战"）的时候。很多人把纳粹政权看作是离经叛道，认为德国皇帝代表着真正的、正统的德国。费舍尔承认，"因为历史学家都接受了德皇代表正统的传统教育"，"我的书简直就是背叛"。[34]

费舍尔的观点并没有被完全认同。他认为1912年12月8日那个所谓的"军事会议"做出决定，有意把战争推迟了18个月，此观点受到许多历史学家的驳斥，[35]但是会上所发生的事情至少可以表明，德国的决策精英们决心发动侵略战争。同样，费舍尔描述的国内动乱对德国战争决策起到主要作用的观点也受到了普遍批驳，但他关于战前德国好斗的外交政策的观点、德国领导层为实现外交目的已经做好战争准备的观点以及决心发动侵略的观点等，基本令人信服。德国领导人深信自己的军事实力，全然不考虑其他敌对大国的力量，希望发动一场欧洲大战来实现自己的外交政策目标。[36]

通过操纵危机，德国企图把三个协约国分开。[37]在之前的巴尔干危机中，英国和法国不愿意支持俄国，因此对德国来说好像有机会无需战争就可以使协约国瓦解。贝特曼·霍尔维格认为，英国不会参战。从1914年7月5～30日，德国奉行的政策可以描述为以"风险可控"为特征的政策或者"外交冒险政策"。它给奥匈帝国开出的空白支票是让奥匈帝国去发动一场有限的、局部的第三次巴尔干战争，这个时候的德国，也许只准备冒一个全面战争的风险，而不是积极地发动一场全面战争。最终，柏林的决策者决定朝前迈出那致命的一步，下决心的过程极其混乱（皇帝威廉二世好几次改变主意，到底开战还是不开战）。1914年，7月31日德国向俄国发出最后通牒，挑起了一场全面的欧洲战争。[38]

德国打的是防卫战？

许多历史学家认同费舍尔的观点，认为德国参战是出于对未来的悲观，这一观点在费舍尔的《世界强权还是衰落》（*World Power or Decline*）书名中可略见一斑。用赫维希的话说，1914年7月，柏林的领导层中有这样一种心态——"早打比晚打好"。英国著名历史学家尼尔·弗格森（Niall Ferguson）认为，德国由于害怕俄国，于1914年8月发动了一场防卫性的战争。[39]1913年10月，俄国开始了"伟大的军事计划"，该计划包括大规模扩充军队数量，继续兴建战略铁路系统。[40]俄国的军事扩张毫无疑问引起了柏林的担忧。1914年7月18日，德国外交部长哥特勒贝·冯·雅戈（Gottleib von Jagow）私下里说，"俄国目前还没有准备好打仗"，但是"根据权威观察，过几年就准备好了，到那时它们的军队会摧毁我们，然后建立起波罗的海舰队和它的战略铁路体系"。[41]然而，当时并没有令人信服的证据表明俄国正在策划一场侵略战争。[42]"伟大的军事计划"的背景是：经历对日本的战败和1905年革命打击的双重挫败之后，沙皇企图加强实力，重塑自己的声誉。武装力量代表着国家实力和声望，还可以被用作外交和震慑的工具，因而可以提高一个国家的国际地位，并扩大外交影响力。但仅仅拥有庞大而有效的武装力量并不代表这个国家要将其用于侵略。衰落的俄国在1908年波斯尼亚危机中蒙羞，俄国的领导人下定决心，绝不能让那一幕重演。

俄国与法国的角色

　　试图把第一次世界大战爆发的责任让俄国、德国与奥匈帝国均摊的做法，忽略了一个事实：1914年7月，俄国得到法国的支持做出参战决定，和同盟国的决定之间有天壤之别。1914年7月23日，奥匈帝国向塞尔维亚发出最后通牒挑起危机，俄国的回应是防御性的，这样做只是为了使俄国在巴尔干地区的重要利益免于受到侵害。俄国外交部长萨佐诺夫看到了通牒条款中存在的威胁，在第二天的一个部长级会议上警告说，如果允许奥匈帝国公然把塞尔维亚变成一个附庸国的话，俄国作为大国的地位就会受到威胁。俄国颇具影响力的农业部长A.V. 克里沃舍因（A.V. Krivoshein）也看到了潜在的危险，并认为只要"表明坚定的立场"就有机会阻止德国。[43]与1908年不同，这次法国表示了支持，这对于坚定俄国的决心起到了很大的作用。而法国的表态来得这么快，是因为1914年7月20日~23日法国总统庞加莱和法国首相勒内·维维安尼（René Viviani）正好在俄国圣彼得堡进行的访问。庞加莱是法俄协约的坚定支持者，当上总统后不久就告诉当时的俄国外交部长，他要"（用自己的影响力）不遗余力地确保……以法俄亲密联盟为基础的政策得以贯彻执行"。[44]"七月危机"期间，庞加莱认为法国的支持对于避免俄国遭受德国的武力攻击是至关重要的，这样也可以避免一个强大势力集团遭到毁灭的噩梦，即避免19世纪"三皇联盟"（League of Three Emperors）的悲剧重演，因为当年"三皇联盟"使法国处于孤立地位，被边缘化。因此，奥匈帝国企图通过进攻新兴的塞尔维亚避免自己作为大国的衰落，结果受到了俄国和法国的遏制。法国和俄国担心，如果不采取行动，是否还能保持自己的大国地位。[45]

俄国于1914年7月26日调动军队不是要引发战争，正好相反，是采纳了克里沃舍因的建议。他们鸣枪示警，旨在使奥地利明白侵犯塞尔维亚的严重性，以便奉劝维也纳和柏林，在这最后关头能够收手。如果战争爆发，这也是俄国为战争做好准备的必要一步。俄国最初的计划只是在某些地区进行军队调动，表明这只是针对奥匈帝国的，因此没有全面进行军队调动，俄国希望德国能够看懂这种局部动作的含义，意味着沙皇政府谋求避免采取挑衅的做法。7月30日，为应对奥匈帝国进攻塞尔维亚，圣彼得堡下令全面军事调动。正如一名官员所说，"局部军事调动会牺牲全面军事调动的整体性"，一旦战争蔓延到巴尔干半岛以外地区，俄国就"无力保卫自己在波兰和东普鲁士的前沿势力"。[46]俄国军事调动对德国政府来说反而是件好事，使其有借口把侵略战争说成是保卫战，这对于团结联合政府背后那些还处于摇摆不定的社会力量起到了重要的作用。

英国的加入

英国参战并非不可避免。1914年7月底到8月初，由H.H. 阿斯奎斯（H.H. Asquith）领导的自由党政府，在战争与和平这个问题上意见分歧很大，这也总体上反映了英国社会的态度：各种教派团体和劳工组织对俄国沙皇政府没有好感，普遍认为巴尔干半岛的争端不关英国的事。然而，一些内阁大臣如爱德华·格雷和霍尔丹

（Haldane）勋爵却认为，英国应该支持法国以确保势力平衡。其他一些人持相反的观点，甚至阿斯奎斯最初也认为，英国不应该参战。内阁里最有影响的人物之一是财政大臣大卫·劳合·乔治，他也是大权在握的激进的威尔士改革派议员，他以辞职相威胁，表达了对英国参战的反对。然而到1914年8月4日，阿斯奎斯政府（其中劳合·乔治仍然是重要成员）带领着一个高度团结一致的国家投入了战争。

图1-3　大卫·劳合·乔治（1916～1922年任英国首相）

德国对比利时的入侵使整个局势发生了变化。本来1839年英国和德国两个国家都与比利时签订了条约（德国的前身普鲁士与比利时签订了这个条约），保证担保比利时的独立和中立地位。一个大国如果公开撕毁国际和约，那么就是背信弃义，就会引发众怒。[47]1914年之前，德国的战争策划者就意识到违背比利时中立条约可能带来的后果，但还是一意孤行。也许德国军队不借道比利时去攻打法国，英国就不会参战，或者最多是引发一场政治危机，就会拖延英国支持法国。如果上述情况变成现实，对法国而言，这会导致灾难性后果。正是德国战略上的短视，为自己增加一个劲敌，丧失了自己在西部战线的最初战役中争取主要优势的机会。

"七月危机"初期，爱德华·格雷爵士没有明确表示英国会支持法国和俄国，因而受到了严厉的抨击。如果他这样做了，或者如舆论所说那样，德国就会打消发起战争的念头。[48] 但是从两个方面可以说明，这些抨击有失公允。其一，英国政党政治的现实表明，格雷没法做出这样的表态；其二，把战争的罪过推到一个致力于和平的人身上也是匪夷所思的，他在"七月危机"期间，曾六次呼吁召开国际会议或者进行国际调停。

尼尔·弗格森提出，1914年英国参战是错误的，如果英国不参战，德国就会获胜，"德皇的欧洲联盟"就会出现。但是，历史学家并不接受这种乐观的观点。事实上，如果德国获胜，英国将面临灾难性后果。这完全不是道德层面的问题，不能以道德的标准来看待没有阻止德国赤裸裸的侵略、没有阻止德国践踏国际法。[49]英国完全有理由担忧德国对比利时的侵略，保证低地国家海岸不落入敌对势力手中，维持沿海安全一直是英国几个世纪来外交政策的主要内容。德国占领比利时所带来的威胁，丝毫不比一个世纪前拿破仑主宰的法国海军占领比利时带来的威胁小，当时英国的反应和现在一样。为反对欧洲大陆国家获得霸权，英国已经加入了很多同盟，以期恢复力量上的平衡。假如在1914年英国背弃了法国和俄国，或许德国会赢得这场战争，但是英国就会被孤立，失去盟友，就会面对一个被新独裁和侵略性的敌人主宰的欧洲大陆，那个地方"民主"将不复存在。1914年以后英国还会面临与德国的战争，那时候英国只能在没有盟友的情况下与德国战斗。对英国来说，1914年8月爆发的战争是一场非常传统的冲突，多年以来，英国曾对抗过拿破仑和路易十四的法国，对抗过腓力二世的西班牙，现在又与威廉二世的德国相对抗。[50]

军国主义在引发战争过程中扮演的角色

许多历史学家抛开对"七月危机"的外交政策和决策的细致研究，分析引发战争的潜在因素。其中一种广受欢迎的说法是，"强大的军备力量"在两次世界大战中扮演了重要角色。但是没有证据表明，军备竞赛必然直接导致战争，美苏之间的核军备竞赛就是一个例子。"一战"前英德之间的海军建设竞赛确实动摇了两国之间的关系，但德国军队入侵比利时才是促使英国参战的原因。军备竞赛确实造成了大国间关系的不稳定和不信任感，进而催生军国主义心态。这里说的军国主义心态包括：不仅做好了不惜用武力捍卫主权的准备，而且出现了对军事文化的过度崇尚，尊崇武力，坚信战争的好处，坚信所谓的社会进化论思想（即"适者生存"论被用到了处理国际关系中）。[51]

所谓的"战争时间表"观点认为，在1914年7月和8月那些紧要关头，僵化的时间表束缚住了政治家们的手脚，大家普遍担心，如果自己动手比对手晚，军队一开始就会处于不利状态，正如1870年法国遭遇的情况一样。1914年8月1日，德皇出乎意料地突然命令德国军队抛开法国，专门攻打俄国，陆军参谋长赫尔穆特·冯·毛奇（Helmuth von Moltke）将军坚决反对，因为"施里芬计划"（Schlieffen Plan）里没有二选一的情况。根据计划，德军的大部分兵力应该部署在西部主攻法国，这时候调动部队，后勤保障必将十分困难。[52]当时，军队部署都是通过精确计算的，而部队行动又依赖死板的铁路系统，因此"战争时间表"论包含一些合理性。1914年7月31日，俄国调动军队，企图对奥匈帝国和德国侵犯巴尔干的行为给予明确警告，最初的打算只是针对奥匈帝国，但后来不得不放弃，因为这个办法不起作用。不幸的是，这个防御性的措施带来了紧张不安的负面效应，正好被德国利用。正如前面提到的，德国准备发动的侵略战争被说成了自卫战，有助于团结反俄民众。

不过，也有种观点认为，领导层是被"雄心壮志"的将军们"强迫"拖入战争的，这种观点其实经不起推敲。毛奇和奥匈帝国的康拉德·冯·赫岑多夫两位将军多年来一直鼓吹战争，但只是在1914年夏天，他们喋喋不休的战争主张才最终和政治家们开战的决定达成一致。尽管德国和奥匈帝国的将军们较之于法国、俄国和英国的将军们更有影响力，但是他们的主张在维也纳和柏林的政治家们的决策天平偏向战争的过程中，并没有起到决定性的作用。

结论

认为第一次世界大战是可以避免的观点无疑是正确的。一些无形的力量，诸如"民族主义""帝国主义"和"军国主义"，还有一些因素如英国与德国的海军竞赛、列强国内的紧张局势，都不是导致第一次世界大战的原因，尽管所有这些力量和因素或许使"一战"更可能爆发。不管怎么说，正如英国历史学家大卫·史蒂文森（David Stevenson）所写那样："欧洲（1914年）的和平或许就是一间纸牌屋，但要倒掉的话也要有人推才行。"[53]第一次世界大战的爆发是奥匈帝国和德国一些关键人物故意引起的，为了达到其外交上的目的，他们甚至不惜与俄国和法国交恶。俄国、法国以及后来英国在巴尔干危机上所采取的应对行动以及行动后果，都或许是被动的和防御性的。为了把巴尔干半岛冲突的危害降低，各个大国所采取的行动强烈表明，如果奥匈帝国和德国都愿意的话，1914年的夏季危机本可能通过国际组织的调解得到解决，这样塞尔维亚会被孤立并受到惩罚，但是会保留其独立和安全不受威胁。然而这次奥匈帝国和德国想要的是战争。再次借用克拉克"谁是罪犯"的说法，但这里要把他的说法反过来，即在第一次世界大战的故事里，确实有冒烟的枪，或者更确切地说是有两把枪，它们分别握在奥匈帝国和德国手里。战争的爆发肯定是一大悲剧，但它也是两个侵略国家的领导人犯下的一大罪行。

第 2 章

从冲突到对峙
（1914 ~ 1915）

A
SHORT HISTORY OF
THE FIRST
WORLD WAR

西部战线，1914[1]

1914年8月开始的军事行动是大规模的，甚至令1870~1871年的普法战争也相形见绌。德国人和法国人都想获得40年前普鲁士军队所取得的一个个速战速决的胜利。然而，其他同期发生的战争，如美国内战（1861~1865）和日俄战争（1904~1905）表明，想取得速战速决的胜利是何等困难。1870年9月，法国一支庞大的部队在色当被包围而被迫投降的时候，处于19世纪后期的一些工业化国家的军事力量却日益强大，尤其是规模更加庞大。德国于1870年普法战争初期投入战场的兵力是46.2万人，但在1914年8月投入的兵力高达140万人。19世纪欧洲人口数量快速增长，从1800年的1.87亿人到1914年的4.68亿人，为各国军队提供了更充足的兵源储备。还有两个方面的情况加速了欧洲军队越来越庞大的趋势，一是广受欢迎的民族主义，二是国家对个人控制的日益加强。拿破仑战争快结束时，法国政府愈发不顾一切地招募男兵入伍，反而使很多人成功逃脱了兵役。一百年之后，在欧洲要逃避兵役就困难多了，况且在多数情况下逃避兵役也不被社会接受，因为公民权与保卫祖国的责任联系得越来越紧密。[2]

过去两个世纪,陆地上速战速决的战争只有在一方比另一方有绝对优势的情况下才会出现。1870年,普鲁士军队在组织、领导和后勤保障等方面都明显优于法国,然而在1914年,没有哪支军队有如此明显的优势。当"八月枪声"打响时,各方军队情况都非常相似,庞大的军队兵源充足,社会各界或多或少都支持国家打仗,军队武器配备先进且极具破坏力,明眼人都知道这意味着只能打消耗战。

将军们对这些变化一清二楚。杀伤力得到极大提高的武器,尤其是大炮出现在近代的一些战争中,特别是"一战"爆发前十年的日俄战争以及1912~1913年的巴尔干战争。但是,战争给人们的"教训",在当时并没有像一个世纪后那样深刻。在日俄战争的战场,战争处于暂时僵持且存在巨大不确定性之时,所给的"教训"似乎就是把军队更好地动员起来,让士兵勇敢地冲入危险地带与敌人搏斗,即便伤亡惨重,也认为这样就会获胜。但也并非所有将领都认为第一次世界大战很快就会结束。英国国务大臣、陆军元帅基奇纳(Kitchener)勋爵,还有出任西线英军指挥官的中将道格拉斯·黑格(Douglas Haig)爵士,他们都认为战争将会是漫长的。法军总指挥约瑟夫-雅克·塞泽尔·霞飞(Joseph-Jacques Césaire Joffre)将军为法军做了与德军短暂冲突的准备,同时他也非常清楚,这场战争将会持续,绝不限于开始的几场冲突。[3]从某种程度上说,这场战争打的是社会承受力。俄国败给日本之后,陷入了国内革命的动荡之中,这清楚地表明:如果长期经受着战争的压力,国内社会将发生什么样的变化,对工人阶层可靠性的怀疑日渐浮出水面。德军精英们闭口不谈6个月内是否能结束战争，面对在西线、东线遭遇强大敌人的现实，用"小毛奇"的话说，他们把希望寄托于"尽快以几场大战结束战争"。[4]

"一战"早期战役的重要指挥官

赫尔穆特·冯·毛奇

对于赫尔穆特·冯·毛奇将军（1848～1916，"小毛奇"），人们记得最清楚的是，1914年夏天，德军入侵法国和比利时期间，他对部队快速挺进的失控。他是19世纪军事指挥官、陆军元帅赫尔穆特·冯·毛奇（"老毛奇"，1800～1891）的侄子，这个背景没有使他的职业生涯受到影响。1906年，"小毛奇"接替陆军元帅阿尔弗雷德·冯·施里芬（Alfred von Schlieffen，1833～1913）出任德军总参谋长。为了应对现代化战争带来的变化，"小毛奇"对此前精心设计的"施里芬计划"做了修改，这也使他事后广受指责，当然这些批评也并不全对。"小毛奇"在战争爆发前是"鹰派"人物，他总想让德国发动一场先发制人战争。[5]从"小毛奇"的性格来看，他完全不适合处理两线作战的复杂局面。此外，他还缺乏自信。由于指挥和控制的失败，导致了第一次马恩河战役（1914年9月5～12日）的战略失败，使英法联军打败德军并且取得决定性胜利，德军被迫迅速撤退，战役由进攻战转为堑壕战。1914年9月14日，"小毛奇"被免职，1916年6月他在崩溃与痛苦中去世。

约瑟夫·霞飞

约瑟夫·霞飞（1852~1931）是1914~1916年法军西线一名性格坚韧而稳重的指挥官，1914年9月第一次马恩河战役的胜利确定了他的历史地位。他出生于法国比利牛斯省里沃萨尔特城一个普通人家，1870年毕业于巴黎综合理工大学。他积极参加普法战争，此后又相继参加了对中南半岛、西非和马达加斯加的殖民侵略战争。1911年，霞飞被任命为总参谋长，"一战"爆发后他由总参谋长直接成为法军总司令。在第一次世界大战爆发前的3年里，霞飞设计了"第十七号计划"（Plan XVII），旨在沿着法德边境地区进行一系列的全面进攻。1914年8月的法军惨败证明这一计划行不通，被德国的"施里芬计划"冲击得七零八落。面对始料不及的撤退和即将来临的失败，霞飞展现出了性格刚毅的一面，这正是他的对手"小毛奇"所缺乏的。霞飞的策略是，一旦西线出现僵持就与对手打消耗战，这一策略基本上是对的。但是，1915年他指挥了一系列损失惨重且无益的战役，加之1916年对德军在凡尔登发动的进攻缺乏准备，法国政治家们已经对他不再抱有幻想。1916年12月，霞飞晋升元帅，被提拔到一个有名无实的位置上，他的职业生涯就此结束，从而退出了战争，成为一个没有实权甚至没有影响力的悲剧人物，1919年正式退休。

约翰·登顿·平克斯通·弗伦奇伯爵

1915年12月之前，英国陆军元帅约翰·登顿·平克斯通·弗伦奇（John Denton Pinkstone French, 1852～1925）伯爵指挥英国远征军在西线作战。弗伦奇于1874年参军服役，在第二次南非战争（1899～1902）中，因灵活指挥英国骑兵部队，其军事指挥才能得到认可，在国内颇有名气。那时道格拉斯·黑格是他的参谋长。1912年，弗伦奇被任命为英军总参谋长。英国远征军在欧洲大陆进行的运动战中，他的指挥平淡无奇。长时间艰难地撤向巴黎郊区证明弗伦奇的智慧已经穷尽，他缺乏联合作战中作为统帅的指挥能力。在1914～1915年，英国的一些重要人物譬如英国国王、他的长期对手英国国务大臣基奇纳勋爵、颇具影响力的参谋长威廉·罗伯森（William Robertson）中将，对他逐渐失去了信任，甚至黑格这位曾经的追随者，当时对他的指挥也已不抱幻想。1915年英国进行了多次损失惨重却毫无战略意义的战役，其间弗伦奇经常生病，不能履行职责，弗伦奇是否胜任指挥官一职越来越受到质疑。9月卢斯战役（Battle of Loos）失败，特别是他愚蠢地想让黑格成为他错误指挥后备队的替罪羊，迫使他于同年12月辞去总参谋长职务。辞去军职后，弗伦奇继续在后方担任一些重要职务，包括在他的故乡爱尔兰任总督，这期间，为了重申英格兰人的统治权威，他所进行的各种努力并未成功。

埃里希·冯·法金汉

埃里希·冯·法金汉（Erich von Falkenhayn, 1861～1922）将军是战争中最有思想但同时又是最残忍的军人之一。"一战"开始时，他认识到德国不太可能在同协约国长期的战争中获胜，因此在敌对双方高级将领中，他是少有的愿意获得局部胜利的人。[6]法金汉是德皇威廉二世喜欢的人，他在1900年"镇压"了中国的"义和团运动"①。1913~1915年，他出任普鲁士陆军大臣的要职。1914年9月，第一次马恩河战役德军大败后，他取代不再受到信任的赫尔穆特·冯·毛奇任德军总参谋长。法金汉坚信西线的重要战略地位，不过他把东线和西线看作一个整体，因而在1915年极不情愿地与俄军打了几仗，当时他宁愿与俄国或法国单独讲和。令东线指挥官保罗·冯·兴登堡（Paul von Hindenburg）和埃里希·鲁登道夫（Erich Ludendorff）大为吃惊的是，他的这种战略一直持续到1916年。在这一年的凡尔登战役中，法金汉全力指挥德军向凡尔登发起猛进，目的却是逼法国坐到谈判桌上。

可是法金汉的战略失败了。凡尔登战役一发而不可收拾，俄军在东线展开进攻，英军和法军在索姆河与德军激战，罗马尼亚的宣战更使法金汉雪上加霜。1916年8月，法金汉被就地免职，由看上去更加精力充沛的陆军元帅保罗·冯·兴登堡和埃里希·鲁登道夫将军接任。法金汉在"一战"的剩余时间里，继续指挥一些战斗，小有胜利，比如

---

① 法金汉曾于1896年至1903年在中国服役，参与了八国联军入侵中国的战争。——编者注

率领德军在罗马尼亚、巴勒斯坦以及立陶宛的战斗。1922年4月，法金汉在波茨坦去世。在去世前3年，他出版了战争回忆录，书中尽显冷漠无情。他的继任者放弃了他的有限战略，因为这一战略败绩累累。与其继任者不同之处在于，他对德国局势持有冷酷的现实主义观点，导致他的战略也充满了同样的色彩。

德国的军事战略是建立在陆军元帅阿尔弗雷德·冯·施里芬制订的"施里芬计划"基础之上的，施里芬担任总参谋长直到1906年。后来"小毛奇"对"施里芬计划"做了修改，其内容是一个由73个师执行的大规模进攻计划，目的是在6周内把法国彻底打败。[7]法国退出战争后，西线德军将被调到东线，以阻止俄军的入侵。这个巨大赌注的关键在于，德军要绕开法军部署在卢森堡和瑞士之间由重兵防守的前沿，选择经比利时通过，这样必将侵犯比利时中立的原则。对于德军策划者来说，由于必须面临在两线全面作战，这似乎成了唯一的选择。如果一切按计划进行，入侵比利时带来的战果将是德军右翼的全胜，三个集团军会把巴黎团团围住。如果这样，被逼退到东部的残余法军，将不得不返回到边境线上的堡垒区，德军就可以将其消灭。"小毛奇"非常清楚英国对德军这种公然侵略比利时的行为可能做出的反应，但他并不在乎，认为在英国海军力量和财力给他带来麻烦前，战争就可以结束。有些人质疑，"施里芬计划"是不是战后炮制出来的，目的是解释"一战"德国失败的原因，这个观点对过去十年的论战影响不小。[8]但是这个观点没有得到多少人的支持。

图2-1　埃里希·冯·法金汉将军
（1914～1916年任德军总参谋长）

　　法国的战略在"第十七号计划"里得到了很好的体现：由5个军的兵力（82.3万人）发起全面进攻，旨在夺回普法战争中法国失掉的阿尔萨斯和洛林两个省，然后直袭德国。尽管法国"第十七号计划"的制订者非常清楚，德军为了绕开自己防御牢固的前沿阵地，可能斗胆违反比利时中立条约而借道比利时，但他们还是没有考虑到德军会如此大规模地入侵比利时，也没有考虑到德国会利用后备役部队来加强正规军的力量，因此既低估了德国的野心又低估了德军的规模。法军左翼的5个集团军中，陆军元帅约翰·弗伦奇指挥的英国远征军规模较小，开始只有4个步兵团、1个骑兵师。如果要扩大英法联军战线，抽调其中3个集团军去夺回丢失的阿尔萨斯和洛林，法军左翼这道防线必然会被撕裂。

图2-2　陆军元帅约翰·弗伦奇
（1914～1915年任英国远征军总司令）

1914年8月2日，德军入侵卢森堡和比利时，西线战争就此拉开帷幕，26.5万人的比利时军队进行了顽强抵抗，尤其是在列日（Liège）和海港城市安特卫普要塞曾一度阻止了德军的攻击，但最终没能挡住疯狂的德军，比利时超过四分之三的国土落入德军手中，包括布鲁塞尔和安特卫普。而此时，面对凶猛的对手，建立在"全面进攻"思想下的法国"第十七号计划"失效了。由于法军身着鲜艳的制服——蓝色上衣、红色裤子，很容易被敌军识别，8月中旬在莫朗日和萨尔雷布尔战役（Battle of Morhange-Sarrebourg）、维尔通战役（Battle of Virton）和瑟穆瓦战役（Battle of Semois）中，法军伤亡惨重。8月22日，仅两个殖民地师就损失了11650人。[9]德国进攻部队也伤亡惨重。

　　在更远的北边，法军被迫进行了长达两周的撤退，尽管8月28日在吉斯（Guise）掉头暂时抵抗了一下德军右翼的进攻。同样，英军也开始往后撤退。将军贺拉斯·史密斯·多里安（Horace Smith Dorrien）爵士的第2军于8月23日在蒙斯（Mons）阻击德军，英军在战斗中的表现可圈可点，不过由于德军在数量上占据极大优势，英军被迫继续撤退。此役，英军损失1600人，从之后看来这不过是一个小数目，但当时在英国本土却引起震动，导致了增兵。3天后，第2军又被迫掉头，在勒卡托（Le Cateau）打了一仗，但此战前，他们与中将道格拉斯·黑格爵士率领的第1军已被德军冲散。这一仗打得更惨烈，英军的伤亡比蒙斯那一仗还大。史密斯·多里安将军重创德军，这让他摆脱了德军的追击并继续撤退，但第2军花了好几天才集结到一起进行休整。

　　"小毛奇"感到胜利在望，向英法联军展开了两路包围，企图以此一举摧毁联军。幸好霞飞凭着顽强的毅力，抛弃了"第十七号计划"，并清理了战败的将军们，其意义深远。霞飞与战场上的指挥官们密切联系，他把分散的部队拼到一起组建了第6军。在追击中，德军第1集团军司令亚历山大·冯·克鲁克

（Alexander von Kluck）将军把他的部队调到了巴黎的东面而不是西侧，结果他的侧翼暴露出来，撞到了霞飞的枪口。霞飞在巴黎郊区马恩河发起了反攻，这是一场决定性的战役（1914年9月5~12日），成功阻止了德军向法国首都巴黎的进攻，使德军丧失了赢得第一次世界大战的绝佳时机。德军别无选择，只好开始全面战略撤退，英法联军转而乘胜追击，德军掉头沿埃纳河（River Aisne）河岸高地展开抵抗。在1914年9月13~16日的激战中，正当英国远征军即将取得突破之时，德军增援及时赶到，战斗形势迅速发生转变，变成了原始的堑壕战。其特点是：双方构

图2-3　陆军元帅赫尔穆特·冯·毛奇（"小毛奇"）
（1906~1914年任德军总参谋长）

筑防御工事，用带刺铁丝网做屏障、粗陋的壕沟做掩体，支援炮火集中轰炸敌方。当时没有人意识到：埃纳河之战拉开了对峙僵持的序幕。

　　德军输掉了西部战线的最大赌注，这是因为德国的战略目标过于雄心勃勃。主要依靠马车运输的补给无法满足需要，也没有考虑到后来英法联军依靠法国的铁路系统作为有效的部队运输工具，能随时随地满足联军所需。霞飞具有高效的指挥能力，对军队灵活掌控，与"小毛奇"犹豫不决的性格形成鲜明对比。正如一个世纪前的军事思想家卡尔·冯·克劳塞维茨（Carl von Clausewitz）所说，作战是两个军事指挥官之间意志品质的较量。霞飞亲自下令进攻马恩河，而德军做出撤退决定的却不是最高指挥官"小毛奇"，而是"小毛奇"手下的一名陆军指挥官和他参谋部的一名中级军官，并且没有报告"小毛奇"本人。[10]

　　"小毛奇"的精神彻底崩溃，由埃里希·冯·法金汉将军接替其职务。法金汉重振德军并组织进攻，实施了所谓的"奔向大海"（Race to the Sea）的计划（1914年10～11月），因为交战双方都想从埃纳河战役的胶着对峙中抽出身来，通过利用东北方向侧翼的缺口恢复运动战。在皮卡第（Picardy）和阿图瓦（Artois）地区，双方发生激战，但是都没有给对方造成致命一击。实际上，这场战斗只是佛兰德地区旷日持久的大战的序幕。在佛兰德地区，英国、法国和比利时军队成功地抵挡了德军一系列旨在打破僵局、夺取具有战略意义的英吉利海峡港口的进攻。比利时军队故意破坏纽波特（Nieuport）的海上防御工事，让海水淹没陆地，成功护卫了英法联军的侧翼。1914年10月底到11月初，第一次伊普尔战役（Battle of Ypres）打响，标志着该地区战斗达到高潮。尽管法国和比利时投入了重兵，但是德国于1914年10月31日和11月11日向黑格的英国远征军第1军发动了两次进攻，德军差点成功，英军只是勉强守住了防线。

图2-4　元帅约瑟夫·霞飞（1911 ~ 1916年任法军总指挥）

到1914年11月中旬，双方军队已经精疲力竭，因而从瑞士一直延伸到海岸长达400英里①的西部战线全线陷入僵持状态，沿

---

① 　1英里≈1609米。——编者注

线出现了简易的堑壕工事。战争双方死亡、受伤、失踪以及被俘的人数令人震惊。1914年8~9月，德军和法军各自伤亡人数都在33.3万人左右。当然，德国因为两线作战，在1914年8月至1915年1月，损失的兵力达到80万人。根据官方数据，德军有11.6万人阵亡，其中8.5万人死于西线。不过以上记录的数据也可能不准确，德军的实际死亡人数可能有24万人。法军在1914年8月到1915年1月，伤亡人数为52.8万人，并且其中可能30万人阵亡。到1914年底，英军的损失在9万人左右，而比利时军队仅在1914年10~11月的那场战斗中就损失了5万人。

东部战线，1914

东部战线从东普鲁士沼泽地一直延伸到喀尔巴阡山脉，与西线相比，这里的战斗进行得比较顺利。因为西部战线一侧是海，另一侧是山，战场空间有限。东线的广阔战场空间意味着可以左右回旋，也可以找到薄弱点进行穿插。但是广阔空间也有不利的地方，那就是与法国和比利时相比，东欧的基础设施落后，在旷日持久的战役中，支援大规模的现代化部队会困难得多。战争出现前现代特征："最新科技的武器，却靠着牛车，在几乎没有道路痕迹的路上运送。"[11]

法国和俄国的策略是，依靠后者庞大的军事部署和军事打击力量，迫使德军从西线调往东线。德军在东线采取守势，由奥匈帝国（因为其缺乏同时两线作战的实力）用其主要力量应对俄军，暂时把塞尔维亚放到次要位置。1914年8月中旬，俄军的两个集团军入侵德国东部，东线战斗打响。8月23～30日，俄军第2集团军在坦嫩贝格战役（Battle of Tannenberg）中惨败（伤亡12.2万人，损失大炮500门）。俄军失败的原因有以下几个方面：俄军愚蠢到连电报都没有加密；[12]对战场的地理状况缺乏了解；德国守军第8集团军指挥得当。德军伤亡和失踪人数大约1.5万人。德军第8集团军由能征善战的兴登堡和鲁登道夫指挥，继续往北，顽强地攻打邻近的俄军第1集团军。马苏里恩亚湖之战（Battle of Masurian Lakes，9月9～14日）迫使入侵的俄军退回到俄国边境，德国境内的敌人被全部赶走。

8月16日，康拉德调动奥匈帝国的4个集团军进攻俄国。尽管遭到120万俄军的抵抗，但还是长驱直入，取得了克拉希尼克战役（Battle of Krasnik，8月23～26日）和卡莫罗战役（Battle of Komarow，8月26～31日）的胜利。由于德军没有向波兰的奥军提供支持，9月中旬，奥军的进攻受阻。接着，俄军经过3周的激战，发起反攻，扭转了战局，奥军遭到惨重损失，共计损失人员30万人、大炮300门。同西线军队一样，奥军和俄军都尝到了面对现代化武器进攻的苦果。奥军放弃了关键要塞伦贝格（Lemberg），接着同样重要的普热米什尔（Przemysl）要塞被俄军包围。

9月末时展开了新一轮的攻势。德军9月29日首先进攻波兰，10月9日，德军新组建的第9集团军占领维斯瓦河（River Vistula）

防线。11月16~25日，罗兹（Lòdz）和洛维兹（Lowicz）两战使俄军进攻西里西亚的计划受阻，俄军退回到华沙以西防守河岸要塞。对德军来说，俄国士兵似乎"很容易打败，但是不容易消灭"。[13]这是开战以来同盟国军队遇到的最好打的敌人，但是，俄军远没有被彻底打败。之后，因为冬季来临，东线战事陷入了暂时的僵局。

塞尔维亚战役，1914

奥匈帝国调动了3个集团军的兵力（约46万人），在奥斯卡·波蒂奥雷克（Oskar Potiorek）将军的指挥下进攻塞尔维亚。拉多米尔·普特尼克（Radomir Putnik）率领12个师约40万人的塞尔维亚守军，只能依靠邻国黑山提供及时的军事支援。1914年7月29日，奥地利炮艇轰炸贝尔格莱德，点燃了侵略战争的战火，8月12日，奥军地面部队越过塞尔维亚国界。接下来的战斗出现了"以弱胜强"的局面，奥军大败，震惊了世界。然而，塞尔维亚的胜利好景不长。由于缺乏武器弹药和后勤支援，面对一个兵力占优势的敌人，在成功抵挡了敌人多次企图夺取首都的进攻后，塞尔维亚军12月2日撤出了贝尔格莱德。让人惊讶的是，塞军发动反攻（12月5~15日），两周后又再次将贝尔格莱德夺回，而奥军也被塞军成功地逐出边境之外。从8月12日到12月中旬，奥军伤亡和失踪的总人数达到22.7万，损失大炮179门。塞尔维亚军队虽然伤亡和失踪人数约8.5万人，但是他们击退了奥军的进攻——尽管只是暂时的。

海战，1914～1915[14]

　　1914年之前，人们一想到海军的时候，就会想到战舰。"一战"前，英国和德国之间的海军军备竞赛主要集中在这些强大的"钢铁猛兽"上。1906年，英国第一海务大臣（皇家海军职业军官）——海军元帅约翰·费舍尔（John Fisher）男爵促成了皇家海军"无畏舰"（Dreadnought）的下水。这是使用"重型火炮"的革命性设计，共有10门12英寸口径的大炮。"无畏舰"由汽轮机推动，它的速度在当时算是非常快的，达到了21海里/时，随后英国将之前老旧的"无畏舰"退役。以1898年服役的法国战舰"布韦"号（Bouvet）为例，只有2门12英尺口径的大炮，主要配备是一些二流的武器装备，速度只有18海里/时。1915年，"布韦"号在加利波利海域沉没。1908～1909年，费舍尔又打造出了一种新型主力舰——"战列巡洋舰"。这种舰有战舰的火力，但是速度更快，克服了薄装甲的潜在弱点。"一战"爆发时，英国皇家海军已经有22艘"无畏舰"，另有13艘在建；9艘战列巡洋舰，其中1艘在建。德国海军有15艘"无畏舰"，其中5艘在建；5艘战列巡洋舰，另有3艘在建。此外，新一代"超级无畏战舰"，如皇家海军"伊丽莎白女王"号也已经下水，使海军军备竞赛进入新阶段。

无论是老百姓还是海军人员，在观念上都接受了美国颇有影响的军事思想家阿尔弗雷德·T. 马汉（Alfred T. Mahan）的理论。他认为，海军寻求制海权，要以绝对优势压倒敌方舰队。胜利的力量能够中断敌人的粮草，迫使其缴械投降，或是通过破坏敌人的运输线造成其经济崩溃。在此背景下，难怪许多人都预料，战争爆发后不久，英国和德国之间会有一场"新特拉法加海战"①，即北海的一场"无畏舰之战"。令人吃惊且大失所望的是，这场海战并没有发生。当两支舰队于1916年5月在日德兰半岛海域最终遭遇时，其结果并非决定性的，全面海战也没有发生。

但是，这并不意味着海军无所作为。事实上，一场"新特拉法加海战"是不必要的，因为英法海军主要由英国皇家海军在战争期间一直有效地控制着海上霸权。虽然这种海上霸权还是受到了挑战，尤其是德国潜艇对它构成主要威胁。英国海军的海上绝对优势有着非常重要的意义，是能够确保协约国赢得第一次世界大战胜利的主要因素。英国实现海上霸权，主要靠护航、封锁海域、反潜工事等，而不是战舰作战。"一战"爆发的最初几天里，皇家海军不费一枪一弹就取得了两个具有战略意义的重大胜利。第一个胜利是在1914年8月5日凌晨，英国电缆船"警觉"号（Alert）切断了连接德国与中立国美国之间的跨大西洋的海底电

---

① 1805年10月21日的特拉法加海战是英国海军史上的一次重大胜利，它击碎了拿破仑征服英国的梦想，一百年来的英法海上争霸战从此结束。此战使英国成为一个海洋帝国并且维持了一个多世纪。——译者注

缆，[15]致使德国在美国的战事宣传，与协约国相比处于极为不利的位置。德国同它在美国的外交官联系，只能通过经过英国领地的海底电缆或无线电报，可这两种方式均可能被拦截和破译。1917年2月发生的"齐默尔曼电报事件"就是一个很好的例子。那次事件，英国窃听了德国的电报，德国外交官愚蠢地希望通过承诺帮助墨西哥夺回它19世纪40年代与美国作战中失去的土地，怂恿墨西哥与其在未来一起向美国开战。英国向华盛顿通报了这一消息，消息公开（德国外交部长亚瑟·齐默尔曼亲自确认了此事的真实性）后，引起民众的极大愤慨，此事对几周后美国宣战起到了推波助澜的作用。

第二个具有战略意义的胜利是，英国没有损失一艘运输船就把英国远征军运送到了法国。的确，战争期间英军的军舰和补给船在英吉利海峡没有受到阻挠。英国皇家海军的制海权提供给了英法联军更多的延伸性和灵活性，使远征战事得到了保障。1914年，英国皇家海军还允许澳大利亚和新西兰的军队从其本土出发到达埃及（部分路途由英国和日本海军联合护航），然后再到法国。1915年，英国皇家海军为达达尼尔战役（Battle of Dardanells）提供了保障，把一支英法联军部队运送到巴尔干半岛地区，接着又在希腊港口城市萨洛尼卡（Salonika）为英法联军部队提供后勤补给。后来的一些事件也表明，正是英国皇家海军的力量使得联军有充足的选择余地。

与德国的海战，英国取得了地理上的战略优势。大不列颠群岛正好分布在德国通往远海的通道上，布雷区可以使德国海军无法通过英吉利海峡，英国皇家海军的联合舰队泊于奥克尼群岛

（Orkney Islands）的斯卡帕湾（Scapa Folw），则封锁了其通过北海的通道。英国皇家海军的高级将领不想冒险把主力舰驶往开阔海域作战，只希望能保证其制海权，皇家海军取得了战略胜利。

一位德国官员称德国海军的公海舰队为"威廉的机器玩具"，还有一些德国海军战略家也有类似的观点，认为与英国海军较量是拿"威廉的机器玩具"冒险，尤其是英国皇家海军在德国海岸附近取得一场小规模海战胜利——1914年8月28日的赫尔戈兰湾海战（Battle of Heligoland Bight）[16]之后，这一观点得到了进一步加强。德国采取的策略是：用一些小规模的试探性攻击把部分英国皇家海军赶向北海，以消耗皇家海军的力量，并把它们分割开来，达到消灭其部分力量的目的。战前，德国希望这样的海战在德国近海进行。但是，英国皇家海军决定采取远程封锁实施报复（即在远海而不是近海布置船只，阻止商船驶进德国或中立国的港口），使德军的这一战略失败。接着德军改变了策略，德国公海舰队试图把英国联合舰队的一小部分吸引出来并消灭掉。德国公海舰队于1914年12月袭击了英国的东海岸，沿海城镇斯卡伯勒（Scarborough）、哈特尔普尔（Hartlepool）、西哈特尔普尔（West Hartlepool）和惠特比（Whitby）均遭到了炮击。

海军部大楼40号房间里的英国电码译员们截获并破译了德国海军无线电信号，虽然破解的电报不能保证万无一失，但是这些信息确实给了英国皇家海军巨大的优势。1915年1月24日，40号房间的电码译员们发现德国舰队正欲实施又一次袭击，于是英军海军中将大卫·比蒂（David Beatty）爵士率战列巡洋舰出航进行拦截，击沉了老式的德国巡洋舰"布吕歇尔"号（Blucher）。不过，如果不是英国舰队指挥混乱，德军在这次多格滩战役（Battle of Dogger Bank）中的损失应该会更大。

英国决定加强海上远程封锁，意味着途经大不列颠群岛的任何国籍的商船，都有可能被皇家海军拦截和登船检查。只要对德国战事有帮助的东西都被列为违禁品，都要被扣押。尽管少数商船穿越封锁到达德国海港，但事实上，德国的海上贸易已被英国皇家海军的海上封锁迅速摧毁。这些成效很快显露出来，德国城市出现了食物短缺，这种情况的出现，很大程度上是英国皇家海军无情而高效地实施海上封锁的结果。

但是，对英法联军来说，海军事务的进展并不都是一帆风顺的。两艘德国战舰于1914年10月逃过封锁，溜进了中立的伊斯坦布尔，这件事让英国十分难堪，促使奥斯曼帝国加入同盟国参与战争。战争爆发后，德国有些战舰在大西洋上无法回到德国，他们逐渐被英法联军的舰队击沉，与此同时，这些德国战舰一直在袭击商船。德国海军上将冯·斯佩（von Spee）率领的东亚舰队被英国皇家海军阻断了返回德国的航路，斯佩决心在覆灭前给敌人造成最大的损失。1914年11月1日，在智利海岸克罗内尔战役（Battle of Coronel）中，斯佩的舰队摧毁了一支弱小的英国皇家舰队。然而，英国于1914年12月8日派出了一支现代化装备的舰队，在马尔维纳斯群岛（Falkland Islands，英称福克兰群岛），斯佩的舰队被彻底消灭。

空战雏形

利用天空完成军事任务的做法，在1914年之前就存在很久了。18世纪90年代，法国人在战争中用气球进行侦查，1849年奥地利人试图用气球来扔炸弹。空军的发展在19世纪70年代迈出了重要的一步，当时气球开始装上发动机做成了"飞艇"，飞艇下面挂上一个或多个载人吊篮供工作人员使用。后来发明了硬式飞艇，也就是在金属架子内安装一个充气"气囊"，这使航空业发展取得了进一步的突破。20世纪初，特别是德国，怀着极大的热情启动了由费迪南·冯·齐柏林（Ferdinand von Zeppelin）伯爵主持的项目，着手研究既用于军事又用于民用的飞艇。当时一些人认为，似乎未来的军用飞行器一定是飞艇。值得注意的是，1908年英国作家H.G. 威尔斯（H.G. Wells）在小说《空战》（*The War in the Air*）中，描绘了城市被飞艇舰队而不是飞机摧毁的情景。

1903年，奥维尔·赖特（Orville Wright）和威尔伯·赖特（Wilbur Wright）兄弟在美国北卡罗来纳州的基蒂霍克（Kitty Havk）成功制造出了原始的动力飞行飞机。在"一战"爆发前的11年，重于空气的飞行器成了飞艇强有力的竞争对手，特别是在1908年赖特兄弟开始展示他们的发明之后。第一次世界大战爆发时，主要大国都在不同程度上投资建造飞机。1909年，路易斯·布莱里奥（Louis

Blériot）的飞机从英吉利海峡飞过，这对于保护英国本土的安全具有深远的意义，意味着皇家海军的制海权已经不再足以保护英国不受外来侵犯了。

　　1914年8月欧洲陆军和海军都已使用了飞机，譬如英国和法国用"布莱里奥11型"（Blériot XI）飞机（侦察机），德国用"陶贝型"飞机（Taube，鸠形单翼机），这些都是很原始的飞机。那时候飞机主要用于侦察，1914年9月初，英法联军的飞行员侦察到了德军的意图，引发了马恩河战役，这件事使那些对飞机的作用还持怀疑态度的人明白了飞机在战争中的作用。同样，事实证明德国的侦察机在东线坦嫩贝格战役中发挥的作用也是极其重要的。正如一位历史学家所说，"军队在欧洲大陆盲目行动的时代永远过去了，飞机正是这一变化的原因"。[17] 当1914年堑壕战在西线开始时，飞机的作用是为大炮提供轰炸的目标。到1915年春天，飞机进行摄影侦察，使精确绘制敌人工事的地图成为可能。历史学家们所谓的"军事革命"正在悄然发生。

　　虽然在第一次世界大战前人们对空战已有所预见，但是早期的飞机是没有安装固定武器的，空战不过是飞机上的侦察员用卡宾枪或左轮手枪从飞机上向敌方飞机进行射击。随着空中侦察的价值愈发突出，情况开始发生改变。为阻止敌方"空中眼睛"的空中侦察，飞机上开始安装武器。1915年初，法国人雷蒙德·索尔尼尔（Raymond Saulnier）在飞机螺旋桨上安装了一个"偏转器"，飞机里的机枪可以直接从飞机鼻子底下开火，这使飞机制造向真正的战斗机方向迈出了重要一步。法国人组建了自己的空军"猎杀中队"（Escadrilles de Chasse），独立执行摧毁敌机的任务，飞行员罗兰·加洛斯（Roland Garros）驾驶"莫朗-索尔尼尔L型"（Morane-Saulnier L）战斗机，首次使用这种装置击毁了敌机。1915年夏天，德国人在"福克E1型"（Fokker E1）单翼机上安装了超级装置，这是一个"射击同步协调器"（interrupter gear），当螺旋桨不在飞机上的机枪射出口的时候，机枪能够开火。福克型飞机使德军于1915年下半年在西部战线有了相当关键的制空权，获得了决定性优势。英法联军使用新型飞机，于1916年2月发动凡尔登战役做出回应，这场战役见证了历史上第一次空军和陆军的协同作战。空军对战夺取制空权，相当于把地面战争延伸到空中。刚开始时，德国具有优势，但是1916年3月优势转移到法国一方，"此时的情势对该战役的结果有重大影响，也可能是决定性的影响"。[18]

人们对1914～1918年空战中的精英们记忆犹新，譬如法国王牌飞行员罗兰·加洛斯；德国人马克斯·伊梅尔曼（Max Immelmann），他是空中战术家先驱；艾伯特·鲍尔（Albert Ball），一名内向的英国人，他是高效的战斗机飞行员；曼弗雷德·冯·里希特霍芬（Manfred von Richthofen）被称为"红色男爵"，他执行了80次轰炸任务，是当时执行轰炸任务次数最多的飞行员。他们的经验被作为设计依据，使制造低速侦察、协同炮兵执行任务的飞机变成现实。不同国家之间的空中优势不时地发生变化。1916年，索姆河战役（the Somme campaign）的前半段时间，英法联军占上风，但1917年的阿拉斯战役（Battle of Arras），对于英国皇家空军飞行员来说却是一个"血腥的四月"。没有任何一方可以从"空中优势"一步跨越到"空中霸主"地位，甚至在1918年英法联军的大反攻期间，德军"也没有完全丧失它的制空权"。[19]总的来说，德国更喜欢防御，英法则更推崇进攻。英国皇家空军的休·特伦查德（Hugh Trenchard）少将，这位参与了西线大多数战事的指挥官，与黑格有相同的理念，那就是无情的进攻。

西部战线，1915

1915年，英法联军在西线发动的进攻遭遇失败。在1915年的大部分时间里，德军都心安理得地待在防御工事里，他们不惜牺牲领地来换取战术优势，也就是说他们通常占据着制高点迫使英法联军来仰攻。相反联军方面则处于被动，出于政治荣誉，要尽可能多地保卫自己的领地。因此英军防守易受攻击的伊普尔突出部[①]。尽管从军事的角度考虑，后撤到一个更容易防守的地方是合

---

① 伊普尔突出部（Ypres Salient），一个三面被德军控制区包围的地方。——编者注

适的，但是从政治的角度考虑，把这最后一个相当大的比利时城镇丢给德国人是不可能的事。在西线的防御战中，德军有效地利用精心构筑的堑壕，堑壕被纵横交错的带刺铁丝网、机枪和众多大炮所保护。英法联军从战场上毫无疑问也学到了许多，过去一年中，他们改进了进攻方法。例如，在第二次阿图瓦战役（1915年5~6月）中，法军作为先头部队，广泛利用"突击队"渗透战术，找到德军防守薄弱点，绕过敌人重兵把守的地方进行突破，由后续部队解决。[20] 然而，德军也以同样的速度改进了他们的防御战术，开始了纵深防御。纵深防御利用防守要塞布置反击部队，部队活动于要塞之间的无人区，这样就不会完全依靠线形堑壕了。因此，在西线，德军保持了技术上和战术上的优势。

西线是包围战的一种形式。从瑞士边境一直延伸到比利时海岸长达400英里的战线上，没有可以利用和依托的侧翼。中立国瑞士境内的大山，牢牢地挡住战线的一侧。原则上说，英法联军利用英国皇家海军可以在比利时海岸实现两栖登陆，但实际上这样的行动面临巨大的风险，皇家海军很不情愿冒险把战舰驶到离海岸如此近的地方。因此，每次地面进攻都只能从正面进行。早在1914年12月20日，法国军队在香槟前线发起了旨在打破僵局的第一次正面进攻，之后虽然攻击不断，一直持续到次年3月中旬，但是收效甚微。

西线协约国军队中大多数是法国军队，比利时军队在1918年下半年之前的进攻战斗中，只参与了很小一部分。英国远征军初期规模也很小（1914年9月初只有6个步兵师和1个骑兵师）。1915年，随着地方自愿组织的自卫队士兵、新联合军队〔也称作

"基奇纳军队"（Kitchener）〕和一些加拿大人到达前线加入正规军，英国远征军的规模不断壮大。1914年年末，印度军队也来到前线。英军由于在协约国军队里的规模较小，在进攻行动中只能服从法军的指挥。虽然英国远征军缺乏人员和武器，但黑格的第1军还是打响了英军的第一场大规模的进攻战——新沙佩勒战役（Battle of Neuve Chapelle，3月10～13日）。黑格采用的是"定位进攻"（set-piece）打法，其特点是：先进行短时间炮火轰炸，接着步兵一波接一波地进攻。这种进攻有时候能夺取阵地，似乎取得突破，但守军迅速组织反攻，在夺回阵地前僵局再次出现。后来英军以长时间炮轰取代了短暂炮击，这种"新沙佩勒进攻模式"便成为英军常用的进攻模式，一直沿用到1917年年末。[21]

图2-5　1915年前后在法国的英属印度军队

新沙佩勒战役以及1915年5月9日法国攻取防守牢固的维米岭（Vimy Ridge）并夺得制高点的战役均表明，直接闯入敌军防线相对不难，但是穿越层层战壕并从防线突破出来却相当困难。进攻方一次又一次打下目标，可是后续增援部队还没来得及跟上，对方便以更多的力量展开反扑，夺回失地。这种情况主要是通信问题造成的，军队规模变得越来越大，分布越来越广泛，这就无法像过去几年那样直接从马背上指挥了。虽然有全方位的阵地电话网络，但最远也只是布设到战场边缘的无人地带。没有无线电步话机，指挥官们得不到及时决策所要的信息，他们得到的通常都是信使们靠两条腿"跑着"从前线带回的已经过时、毫无用处的消息。后备队总是在希望之门关上的时候才赶到，而守军却可以利用他们阵地的电话网络来集合增援部队，及时赶赴出现险情的地方。

战场上还有很多因素也是有利于防守一方的。简单地说，一个蹲在堑壕里的士兵是很难被击中的，而一个穿越开阔地去攻打堑壕的士兵则更容易成为活靶子，尤其是在拥有打击更精准、射程更远、火力更猛的现代化武器情况下尤为如此，如大炮、机枪，甚至步兵的手动步枪。堑壕前带刺的铁丝网还会进一步保护防守方。此外，在传统打法上，一旦步兵得手让出道路，骑兵就迅速出击，其速度比撤军快得多，他们很快冲入对方阵营，此时若撤退就成了溃败。在堑壕战情况下，骑兵并不像人们通常认为的一点用处都没有，只是它的作用很难发挥出来。第二次世界大战时，装甲车代替了骑兵。但当第一批坦克于1916年出现时，人们发现它的速度太慢且性能不稳定，根本不能用来追赶撤退的步兵。随后几年，进攻方通过不断摸索、试错，逐步发现了坦克的优势，即可以用于攻克堑壕工事。到1917年年末，坦克已经被成功地用于攻克堑壕工事。但在1915年，这种情况还是未来的事情，所以当时德军可以在西线最大限度地减少部队，把主力放到对付俄军上。

1915年，德军在西线展开的唯一一次进攻是在伊普尔附近，那是一次残酷的长达一个月的战役（4月22日～5月25日）。战役在一片灰中带绿色的云块从无人区向英法联军阵地飘过去的时候打响，那是氯气，也是现代战争中第一次主要使用的致命化学武器。氯气在法属的一些北非军队里引起恐慌，但其他军队如加拿大军队则毫不畏惧。德军也不愿意前进到自己的毒气云里，奇怪的是德军最高指挥部居然没有派后续增援部队上去巩固前面获得的胜利成果，结果丧失了趁毒气弹初期引发恐慌的时候夺取彻底胜利的机会。本该在可能获得战略胜利的时候，德军却只得到了战术上的胜利。双方都迅速准备了防毒气装备。1915年春，那种将浸透化学药品的布垫子套在口鼻上的做法，到战争结束时已被精致的口罩所代替。总的来看，在第二次伊普尔战役中，英法联军于一系列毫无收获的反击中，人员损失达到7万人，德军在这次战役稀里糊涂结束前，损失就已达到3.5万人。战役初期，英军防守的伊普尔突出部几乎被夷为平地，但德军却没有突破英军的防守。

1915年3月，新沙佩勒战役中出现的令人失望的基本模式，后来经过少许变化，又在1915年法军的进攻中再现，包括瓦伏尔战役（Battle of Woëvre，4月5～30日）、第二次阿图瓦战役（5月9日～6月18日）、第三次阿图瓦战役（9月15日～11月4日）、香槟战役（9月25日～11月6日）。英军也没有更走运。欧贝李奇战役（Battle of Aubers Ritge，5月9日）是一场罕见的、彻头彻尾的灾难，损失1.2万人却毫无战果，接着是费斯蒂贝尔战役（Battle of Festubert，5月15~25日）和卢斯战役（9月25日~10月14日）。卢斯战役是英军参战以来发起的最大规模的一次进攻，目的是增援霞飞在香槟和阿图瓦的秋季攻势。黑格的英军第1集团军的6个师接受了一项艰巨任务，占领加来海峡省（Pas-de-Calais）的洛斯昂戈埃勒（Loos-en-Gohelle）无数的矿山、村落和煤矿。卢斯战役于1915年9月25日凌晨打响，这次战役的重点是在毒气使用上，这也是英军在第一次世界大战中首次也是唯一的一次大规模使用毒气。[22]毒气的飘忽不定（氯气从容器里释放出来后，需要有大风朝敌方阵地吹才有效果）使结果很难预料。有些地方，毒气被风吹回来，正好袭击到英军自己正在进攻的部队，但是另外一些地方，毒气又助英军第1集团军一臂之力，使英军在德军还没有组织起抵抗前，就取得了一些重要的局部胜利。

　　次日，英军后续部队发起的进攻也失败了，其原因是后续部队离战场很远，部队拼死赶赴前线，但其组织毫无秩序。这些未经训练且疲惫不堪的新兵部队徒劳地往敌人牢固的防御工事上冲，仅仅4个小时伤亡就超过了8000人。这个代价惨重的悲剧引发了一场激烈的指责，指责发生在弗伦奇与即将取代他出任英国远征军司令的黑格之间。后来的战事沦为敌对双方一场无谓的对射比赛。最后的进攻针对的是霍亨索伦堡垒（Hohenzollern Redoubt），进攻于1915年10月13日打响，此次进攻英军伤亡达到3643人，绝大多数是在开战仅仅10分钟内的伤亡。卢斯一战，英国远征军共计损失6.2万人（含阵亡、受伤和失踪人数），德军大约是2.6万人。

　　1915年，将领们愈发认识到炮火是制胜的关键，这种认识也不完全是错的，但在1915年的战役中，炮兵的作用经常不能有效地发挥，让炮兵与其他部队特别是步兵协同作战至关重要，这一点到1916～1917年才越来越明显。无论如何，如果认为英法联军从之前的进攻中没有吸取任何教训是不对的，经过反复试验摸索，新技术和新武器都得到了发展（参见第103页中的"军事革命"部分）。

1915年，法军和英军的人员损失合计高达157.1万人，德军的损失是61.2万人。到1915年年底，尽管没有取得实质性突破，但英法联军最高指挥部又开始鼓舞士气，原因是他们认为找到了制胜的法宝：1916年进行大反攻时，将使用更多的炮火、更长时间的轰炸，改善后勤支援和通信状况。1915年春，英法两国共同生产重炮的计划获得通过，可是重炮及其弹药直到1918年才无限制地配备到部队。[23]事前把重点放在东线的德军最高指挥部，策划了认为可以给法国以致命打击的计划。英法联军和德军的这些策略导致了后来的凡尔登战役和索姆河战役，这两场主要战役变成了消耗战的同义词。

消耗战

第一次世界大战被看成是典型的消耗战。通常"消耗战"一词，往好的方面说是指挥官们想不出好办法来打仗，往坏的方面说是指挥官们不敢打。这是极大的误导，所有的战争和战斗都包含消耗战的成分，这是战争固有的属性。

第二次世界大战通常被看作是与第一次世界大战不同的运动战，但是第二次世界大战也有消耗战，有些消耗战在某些阶段几近中止战斗，譬如斯大林格勒战役、阿拉曼战役、冲绳战役、卡西诺战役（Battle of Cassino）和诺曼底战役，针对德国和日本的战略轰炸完全就是消耗战。在两次世界大战中，大西洋上发生的海战也是消耗战。

1914年末至1918年春，西线的战术条件意味着战斗很容易走向僵局，消耗战的一面更突出。在缺乏大规模进攻的情况下，"伤亡人数"成为之后战役指挥官衡量成功与否的主要方法。有些战役开始时计划大肆进攻，但当突破无望时就变成了打消耗战，比如1915年9月英法联军的进攻。还有一些战役从一开始就是按消耗战设计的，比如1916年2月，德国在凡尔登发动的战事。老一辈历史学家倾向于将故意发动的消耗战看作是"兵法的退化"，[24]现代的历史学家开始用截然不同的方式来看待人为的消耗战。在全面战争中，敌对双方实力旗鼓相当时，如果战斗陷入僵持局面，那么采用杀戮敌方士兵以消耗其实力、挫败其斗志的做法可以说是一个行之有效的策略。当然，如果双方都用这种方法也会是一把双刃剑。有些历史学家认为，英国军官这种"咬住、守住"的有限的方法也是黑格制定策略的一个可行的备选方法，这种方法被第2集团军赫伯特·普卢默（Herbent Plumer）将军和第4集团军亨利·罗林森（Henry Rawlinsor）将军都采用过。事实上，黑格喜欢把消耗和进攻结合起来的打法，就是要最好地利用两种情况的优势，随时准备抓住转瞬即逝的机会获得突破，这是明智之举。[25]费迪南·福煦（Ferdinand Foch）将军（后来是元帅）的消耗办法也备受推崇。他的下属马里耶-欧仁·德伯尼（Marie-Eugène Debeney）将军证实，在1916年的索姆河战役中，福煦"唤醒了士兵的进攻斗志，使大家相信只要精心准备和大胆执行就会成功"。近来很多作者支持这一观点。这样的消耗战会造成大量人员伤亡，但是最终行之有效。[26]

消耗战不仅限于战场。协约国的海上封锁、德国U型潜艇战役，甚至战争初期对平民的战略轰炸，都属于消耗战的范畴，以此打击对方国家和社会进行战争的意愿和能力。战争胜利者，最终是那个在前线和后方均比对手坚持得更久的一方。

东部战线，1915

1915年年初，德军最高指挥部首选的策略是首先恢复西线的主要战事。然而，德军主要盟友奥匈帝国军队连续打败仗，人员损失巨大，加之德国要解决进一步开发1914年战争期间夺得的殖民地所带来棘手的政治问题，因此德军最高指挥部改变了初衷，决定1915年将进攻的重点放在东线，直接针对俄军。1915年

2月7～22日，德军在北方前线发动第一次进攻，第二次马苏里亚恩湖战役（Second Battle of Masurian）打响。该战役中，俄军伤亡达到20万人（包括被俘人数），被迫后退70英里。德军和奥军企图向南增援普热米什尔，但由于恶劣的地理环境、糟糕的天气状况以及原始简陋的道路交通，该计划受阻。在被包围6个月后，德奥于3月22日拱手将普热米什尔要塞让给了俄军。1915年1～3月，奥匈帝国军队进攻喀尔巴阡山脉失败，部队形势十分严峻，指挥官康拉德的雄心已经超过了他部队能力所及。[27]许多经历过战前训练的前期战役中的幸存者现在都阵亡了，这就意味着奥匈军队现在既缺乏经验又数量不足。随后俄军努力向喀尔巴阡山脉挺进，但遭到德奥军队的顽强抵抗，俄军止步不前。

1915年春天到了，该年最成功的军事行动也初露端倪，这也是整个第一次世界大战中最成功的军事行动之一。这次大进攻由法金汉策划，为了达到目的，他派骁勇善战的奥古斯特·马肯森（August Mackensen）将军率领他的第11集团军（由西线调来的部队组成）向加利西亚（Galician）省会克拉科夫（Cracow）东南的戈尔利采—塔尔努夫地区（Gorlice-Tarnow）发起突然袭击，由奥匈帝国的第2集团军和第4集团军做支援。1915年5月2日凌晨，德军使用950门大炮向俄军阵地发起了摧毁性的炮击，然后大量的德军步兵向惊恐万状的、被打得七零八落的俄守军猛扑过去，到第二天晚上，俄军第3集团军12万人被俘，几乎全军覆灭。遭遇零星抵抗的残酷进攻一步步向东推进，奥军于6月3日又夺回了要塞普热米什尔，6月22日奥军攻陷另一重镇伦贝格（Lemberg）。此时，马肯森将军的第11集团军得到了奥匈帝国第

3集团军和德军部队的增援，掉头朝北开往华沙以东120英里处的布列斯特—立托夫斯克（Brest-Litovsk）。取得胜利后，法金汉命令德军第9集团军和第12集团军进军华沙。8月4～5日，华沙被攻克，10天后布列斯特—立托夫斯克落入德军之手。到9月底，同盟国取得了第一次世界大战开战以来的一系列重大胜利，其中之一就是不仅把俄军赶出了波兰，还逼迫它退到一条从立陶宛一直延伸到中立国罗马尼亚边境的长达600英里的防线上。长达5个月的战役使俄军损失异常惨重，达到200万人之多，其中有一半被俘；德军损失大约在8.7万人；奥军损失不详。戈尔利采—塔尔努夫之战之所以引人注目，不仅因为同盟国取得了大规模的胜利，而且还因为同盟国军队的指挥和控制以及其炮兵与空军的配合都较之俄军更强。[28]

土耳其战线，1914～1915

　　1914年10月，奥斯曼帝国（土耳其）派海军突袭了俄国在黑海的港口，站在同盟国一边宣布参战。奥斯曼帝国成为交战国，这使第一次世界大战的性质发生了变化。这个庞大的、多民族、多语言的奥斯曼帝国，与俄国有一段共同的边界，在英国和法国的殖民地范围内也拥有部分领土。英法这两个大国必然会把第一次世界大战看作是用奥斯曼帝国的利益来换取自己国家利益的机会。因此，英法联军与奥斯曼帝国的战争有着双重目的：一是为更大规模战争的胜利奠定基础，二是实现帝国扩张的目标。

奥斯曼帝国与英法联军的地面战争是以高加索的一场冬季进攻战（1914年11月~1915年1月）开始的。该战役起初是成功的，但最终打得却异常惨烈。装备落后的奥斯曼帝国第3集团军，在军事大臣恩维尔·帕夏（Enver Pasha）的指挥下，冒着严寒，战斗于崇山峻岭之间，着实让俄军吓了一跳，不得不请求英军和法军伸出援助之手，以减轻压力（这是1915年春季英军和法军发动达达尼尔海峡战役的一个因素）。但是，恩维尔·帕夏最终被俄军打了回去，被迫退回奥斯曼帝国境内。萨雷卡梅什（SaryKamish）战役（1914年12月27日~1915年1月4日）是一个转折点。在高加索战役中，奥斯曼帝国军队有将近5万人阵亡，俄军将近3万人阵亡。在遥远的中东地区，奥斯曼帝国派出了第8集团军穿过西奈半岛去攻打英国控制的埃及境内的苏伊士运河，开辟了另一个战场。这一战仅打了一天（1915年2月3日），结果奥斯曼帝国惨败。

对协约国来说，尤其是英国，进攻奥斯曼帝国是最有吸引力的。总的来说，攻打奥斯曼帝国可以获得机会实施打击同盟国的重要战略，正是这一想法导致了那场不幸的达达尼尔海峡战役〔又称加利波利战役（Gallipoli campaign）〕。1914年11月，印度军队登陆去保护巴士拉的美索不达米亚港口，其背后原因多半是地方利益，譬如确保英国在中东的石油利益。后来发生了"任务蠕变"①，英属殖民地印度政府——负责这一战区的军事行

---

① 原文为mission creep，指某一项目或任务偏离其最初目标而进行延展。——编者注

动，批准了一项打内陆战役的计划，执行此任务的是查尔斯·汤曾德（Charles Townshend）少将，由他率领一支力量根本不够的加强师，目标是占领巴格达。该师向底格里斯河上游稳步推进时（1915年5～11月），遭到一支力量得到极大补充的奥斯曼帝国部队的抵抗，前进遇阻，双方进行了泰西封战役（Battle of Ctesiphon，1915年11月22～26日），之后汤曾德的部队筋疲力竭，只好向底格里斯河下游撤退到库特伊马拉镇（Kut-el-Amara），从12月7日开始，他们在那里遭受了长达5个月之久的围城。

达达尼尔海峡战役

英法联军企图打开防守严密、连接地中海和黑海的通道——达达尼尔海峡，进而夺取奥斯曼帝国首都伊斯坦布尔的计划一开始就有严重缺陷。1914年年底，西线战事处于胶着状态，英军领导人迫切希望找到办法打开局面，俄军在高加索受到奥斯曼帝国攻击要求救援。海军大臣温斯顿·丘吉尔萌生了一个想法：出动海军攻打达达尼尔海峡，夺取伊斯坦布尔，以此打击奥斯曼帝国。这个办法看起来不仅可以打垮奥斯曼帝国，还可以把德国的这个重要盟友逐出战争，这样既能支持俄军，还能够实现英国战略上和外交上的重要政治目标，但结果证明这都是异想天开。最初，英法联军只派了海军去进攻，到1915年3月18日，英法海军舰队在强行穿过达达尼尔海峡时，不敌两岸的炮火和水中的水雷，吃了败仗，损失了3艘战舰，另有3艘战舰被水雷严重损坏。

遭到惨重失败后，英法联军的决策者决定让地面部队冒险从加利波利半岛发动两栖突袭，目的是从陆地席卷海峡西部的奥斯曼帝国防守部队。因此，一支由英国、澳大利亚、新西兰、印度和法国部队组成的7.5万人的远征军集结起来，由英国将军伊恩·汉密尔顿（Ian Hamilton）统率。1915年4月25日，部队在半岛的两个地点登陆，同时，在海峡对面有一个佯装登陆点作掩护，以转移敌人的注意力。但是，远征军登陆遭到奥斯曼帝国第5集团军6万人的猛烈抵抗，该部队由德国将军利曼·冯·桑德斯（Liman von Sanders）指挥，他把部队以小队的形式部署在海岸沿线，在敌军有可能登陆的地方进行防守，后备队在岛内把守。英军第29师从南部半岛顶端海丽丝岬（Cape Helles）的五处海滩登陆，登陆开始时就遭遇重大伤亡。由于英法联军指挥不当、各部队配合不力，加之奥斯曼帝国守军抵抗顽强，进攻部队第一天完全被压在了登陆的海滩上。在半岛的西海岸，未受训练的澳新军（澳大利亚和新西兰兵团）在预计登陆地以北一英里远的阿里角（Ari Burnu）登陆。当时登陆部队对该登陆点的地势并不了解，这里的山谷蜿蜒曲折、山脊陡峭险峻，同时登陆部队也还没有很好地组织起来。在此情况下，部队冒险向陆地推进，遭到陆军上校穆斯塔法·凯末尔（Mustapha Kemal）率领的部队坚决还击，进攻受阻。穆斯塔法·凯末尔上校是后来土耳其共和国的缔造者。海丽丝岬和澳新军前线的进攻毫无进展，在海滩的英法联军寸步难行。到5月8日，战场又出现了西线那样令人沮丧的僵局，汉密尔顿的部队在疾病和敌人的阻击下损失了几乎三分之一的兵力。

　　8月，英法联军准备重新组织进攻。更多的部队被派往加利波利，还有两个师准备在安扎克湾（Anzac Cove）以北较远、防守相对薄弱的苏弗拉湾（Suvla Bay）登陆。8月6日，向海丽丝岬进行一阵无进展且伤亡不小的伴攻后，安扎克湾的主攻部队曾一度推进到具有战略重要性的萨里巴伊尔岭（Sari Bair range），但后来奥斯曼帝国部队及时发动反攻，联军无法前进。然而，在苏弗拉湾，弗雷德里克·斯托普福德（Frederick Stopford）中将带领的一支没有经验的部队却令人吃惊地一步步向内陆推进，只是他没有利用这一优势乘胜前进，却在沙滩上耽误了3天，奥斯曼帝国部队乘机重整旗鼓，成功打退了8月9日斯托普福德中将的再次进攻。接着双方挖堑壕进行对峙，僵局一直持续到秋天。查尔斯·门罗（Charles Monro）爵士接替汉密尔顿指挥部队，他命令部队开始撤退，即使可能遭受重大伤亡也要执行。伦敦同意了这个建议。苏弗拉湾和安扎克湾的部队于12月20日从海上撤退，海丽丝岬部队于1916年1月9日开始撤退，这次撤退没有损失一兵一卒。

　　加利波利半岛登陆作战中，英军和法军伤亡和失踪人数合计达到25.2万人，奥斯曼帝国伤亡估计在21.8万~25.1万人。从战略总体上看，这场战役是一次不折不扣的失败，使英国颜面扫地。加利波利半岛的冒险登陆，并不是像人们所认为的那样，构想伟大、执行不力。起初英国因为野心太大，才会严重低估奥斯曼帝国的抵抗力和战斗力，最终导致失败。[29]此后的许多年，丘吉尔还是会因为参与了达达尼尔海峡战役而声望受损。

意大利、塞尔维亚和萨洛尼卡战线，1915

1915年5月23日，本来于1914年8月选择中立的意大利对奥匈帝国宣战，因此又开辟了另一个战场。[30]在此之前，意大利的中立得到了协约国和同盟国的认可，但是意大利受到牺牲哈布斯堡王朝可以获得领土利益的前景的蛊惑，从此加入协约国参战。意大利无法从北部山地或特伦蒂诺地区（Trentino）展开直接进攻，因此东边防线或者说伊松佐（Isonzo）前沿就成为它进入达尔马提亚（Dalmatia）和斯洛文尼亚的通道。这些地区有讲意大利语的人居住，吞并这些地区是罗马政府的一个重要战争目标。在第一次伊松佐战役期间（1915年6月23日~7月7日），两支意大利军队穿越乱石林立的卡尔索（Carso）荒地发动了进攻。他们的目标是戈里齐亚（Gorizia），进而最终夺取的里雅斯特（Trieste）这座巨大的港口城市。奥地利军队的防御工事固若金汤，堑壕是从岩石上开凿出来的，本来意军就训练不够，加之炮火不足，因此进攻受阻。这两支意大利军队士气不高，缺乏凝聚力，反映出意大利国内区域性和社会性的紧张局势。第二次（7月18日~8月3日）、第三次（10月18日~11月3日）和第四次（11月10日~12月2日）伊松佐战役，都是意大利的进一步进攻，结果损失惨重，收获甚微。意大利军队伤亡和失踪人数总共达到386547人，奥匈军队损失总计129050人。奥地利12个师被从对俄前线调来对付意大利，但是这对于东线战局没有大的改变。

重大的战略考虑影响了同盟国彻底消灭塞尔维亚的决定。奥斯曼帝国加入同盟国参战，穿越塞尔维亚境内的从柏林至伊斯坦布尔的铁路需要恢复运行，这两个因素导致了奥地利、德国和保加利亚联合起来对塞尔维亚的进攻（保加利亚希望从塞尔维亚夺取马其顿，于1915年9月23日参战）。同盟国军队夺取了贝尔格莱德，将塞尔维亚军队和绝大部分平民赶到阿尔巴尼亚境内。长达2个月（10月~12月）的战役以及悲惨的冬季大撤退，使塞尔维亚军队人数从战前的大约33万人降到1915年年底时的7.5万人。维也纳在1914年7月发动战争的目的也因此得以实现。但是事实上，打垮塞尔维亚的是德国主宰的同盟国军队，这也显示了奥地利的脆弱。对康拉德而言，因为曾经不遗余力地推动1914年夏天第一次世界大战的爆发，这一结局无疑是"一剂苦药"。[31]协约国调动法国和英国军队到中立国希腊的港口城市萨洛尼卡，以支援塞尔维亚这个巴尔干半岛的盟友，但是，因派去的部队人数太少而且行动迟缓，根本救不了塞尔维亚。不过，这一行动却使协约国在巴尔干地区建立了一个可以利用的立足点。

第 3 章

战争升级
（1916）

A
SHORT HISTORY OF
THE FIRST
WORLD WAR

西部战线

在1915年年底于法国的尚蒂伊（Chantilly）会议上，法国、英国、俄国和意大利对在即将到来的春季战役开展一系列联合攻势达成一致，具体地讲是在三条战线摧毁德奥防线。德军最高指挥部对1915年连续在东线取得重大胜利非常满意，决定把它的主攻力量调往西线，并发动了凡尔登战役。此时，西线英军规模逐步扩大，1914年8月最初派往法国的只有4个步兵师，到1916年6月已经扩大到了56个步兵师。但是，这些士兵多数都是穿着军装、没有战争经验且没受过正规训练的平民，是新军和地方自卫队响应英国陆军大臣基奇纳勋爵于1914年8月全国范围内的号召而参军的。

凡尔登战役

德军总参谋长埃里希·冯·法金汉策划了凡尔登战役，他对1915年年底的战略形势并不看好但又实事求是地进行了评估。他认识到，从长远来看，可怕的协约国军队一定会获取胜利，因此德国应该打击协约国与德国对抗的核心力量法国，迫使它坐上谈判桌，与其达成和平协议。法金汉认为，为了凡尔登，法国一定会不惜一切代价与德国较量，因为丧失凡尔登必然会对法国的声望造成巨大损害。尽管历史学家们对法金汉的动机和目的有不同看法，但是看起来他策划了一场有预谋且可控的消耗战，即依靠炮火，决心在要塞一线让法国军队流尽最后一滴血，摧毁它的意志，打垮它的战斗力，随着"英国人最锋利的剑"被淘汰，协约国内部的联合会随之瓦解。但是，法金汉的下属，那些实际指挥战斗的人，并没有接受他的作战方案，而是继续以更传统的方式作战。战争都是这样，一旦杀红了眼就难以驾驭了。[1]

名义上由德皇之子威廉皇太子统率的德军第5集团军，是实现法金汉计划的中坚力量。1916年2月21日，1400门大炮向默兹河（River Meuse）东8英里长的阵地进行炮击，德军吹响了进攻号角。受过特殊训练的德军突击队携带火焰喷射器冲锋在前，潮水般的步兵紧随其后，惊慌失措的守军被迫全线往南撤退，杜奥蒙特要塞（Fort Douau mont）在初期攻势下火力尽失，于2月25日落入德军手中。在此紧急时刻，霞飞任命亨利-菲利普·贝当（Henri-Phillipe Pétain）将军去凡尔登指挥战斗，贝当很快就将处于困境的部队重新组织起来，士气得到鼓舞。有句话跟贝当有关，"他们不得通过"（德语"Ils ne passeront pas！"），其实这是他的部下罗伯特·尼韦尔（Robert Nivelle）将军杜撰的，不过它很好地体现了贝当的信条。贝当上任早期的巅峰之作是修通并维持了一条长达40英里的运输通道（又称"圣路"，德语"Voie Sacrée"），利用它源源不断地向前线运输增援部队和重要物资。德军没能摧毁这条交通动脉，恰好说明法金汉的消耗战略是正确的：不刻意夺取凡尔登，而让法国人为它而战。凭借越来越精确的炮火打击支援，到2月底，法军的抵抗终于成功阻止了德军向南推进。

在此之后，法金汉扩大了进攻范围，将默兹河左岸两座有重要战略意义的小山［莫特·奥姆高地（Le Mort Homme）和304号高地（Côte 304）］包括进来。法军在此地的抵抗也异常英勇，德军本想以大攻势不断消灭法军守军，结果自己进攻时的伤亡却更大，因为战争发展到最后已是不惜代价去争夺要塞［德军于6月7日夺取了沃克斯要塞（Fort de Vaux）］，而不是打消耗战了。整个春季和夏季，战斗都在持续，不停的炮火让步兵们陷入神经崩溃的边缘。德军旨在夺取默兹河岸高地的夏季攻势（6月23日~7月11日）被法军击退，紧接着英法联军在索姆河发起攻击，终结了德军的进一步进攻。法军在秋季和冬季发动了三次反攻，打击已经疲惫不堪的德军第5集团军，最终在12月中旬战事停息下来之前，夺回了大部分失去的领地，其中包括杜奥蒙特要塞和沃克斯要塞。法军将领尼韦尔在这一阶段的战斗中声名鹊起，在后来的1917年初他将扮演重要角色。在长达10个月的战斗中，法军伤亡人数达37.7万人，德军伤亡人数估计是33.7万人。凡尔登战役因此被看作是第一次世界大战中最残酷的战役之一。

索姆河战役

在1915年11月的尚蒂伊会议上，各方一致同意在所有战线发起全面进攻，西线由英法联军发起的进攻是协议的一部分。大规模的夏季攻势选择的地点是索姆河附近，这是法军和英军在西线阵地的会合点。有经验的法军本应担任主攻，但因凡尔登战役动用了法军的大量兵力，所以索姆河战役初期主要是由英军作战。

图3-1 英国陆军元帅道格拉斯·黑格爵士

（1915~1919年任英国远征军总司令）

索姆河战役是英国远征军在其新任总司令道格拉斯·黑格

爵士指挥下打的第一仗，黑格希望在敌军防线上取得重大突破，使战役重新进入运动战。但是，实际上他还制定了一个备选方案——适度推进，适度对峙。索姆河战役中，黑格的主要军事指挥官是第4集团军的将军亨利·罗林森（Henry Rawlinson）爵士，他喜爱运用的作战策略是适度的"咬住、守住"，即长时间炮击后又适当地进行战术推进，再迅速稳固阵地以打垮敌军的反扑。最终的方案是两种策略艰难折中的结果。战斗打响后的第一天，罗林森对黑格清晰阐释的作战方案不予理会，一意孤行，结果导致极大的不幸后果。[2]

索姆河地区在1915年相对平静，但在战斗前夕，弗里茨·冯·贝洛（Fritz von Below）将军的德军第2集团军已经在此构筑了异常复杂的堑壕工事，加固了要塞，挖出了深深的防空壕，许多防空壕的深度离地面足有40英尺[1]。德军的整个防线已经拉起了带刺的铁丝网，严阵以待英军的进攻。英军显然没有任何防备，它的进攻战略基于"大炮取胜，步兵攻陷"原则，不幸的是，英军必备的重炮数量不足，高爆弹的储备也不够，野战炮发射的炮弹杀伤力难以替代高爆弹的威力。黑格命令部队大面积炮轰德军防御工事，而不是集中炮击要害目标，这让事情越来越糟。英军从6月24日开始的炮击持续了1周，对于躲在堑壕里的德军来说，这简直就是一种可怕的折磨，不过他们的大炮和机枪完好无损。

1916年7月1日早上7点30分，当13个英军步兵师发起进攻的

---

① 1英尺 ≈ 0.3米。——编者注

时候，遭遇到了德军的猛烈抵抗，一些地方也受到仍然完好无损的带刺铁丝网阻碍，有些英军士兵还被额外的负重压垮，例如搬运用来加固被大炮摧毁的堑壕的沙袋。多数士兵表现出极大的勇气，却遭遇了可怕的伤亡。令人难以置信的是，他们接到的命令都是缓慢推进，有些部队根据这个由最高指挥部下达的非正式命令缓慢推进，但是战场上的指挥官可以完全按自己的战术指挥作战。第36师阿尔斯特（Ulster）的打法就发挥了想象力，开始时他的部队推进神速，不料很快就被打了回来。最后，英法联军因为部队在战场上各自为政，缺乏统一指挥，炮兵也无法发挥其作用，注定了战场北面步兵进攻的失败。

然而，战场南面确实出现了取得实质性推进的战机。在右翼，初出茅庐的英军第18集团军和英军第30师攻下了所有目标，可惜罗林森对此却不以为然，结果失去了取得重大战果的机会。如果按照黑格最初的设想，让后备兵源源不断补充到进攻的部队里，那么罗林森完全可能再继续前进3~5英里。在1916年，这将是救第4集团军于水火之中的一场实质性胜利。英军右翼的法军第6集团军以极小的伤亡取得了重大进展，这是与英国远征军在英军作战史上最血腥的单日伤亡5.7万人（包括死亡人数1.9万人）相比而言。当然，德军也遭到重创。随后的几周，在发起又一轮大攻势前，英军不断进攻占领德军阵地，德军指挥官不得不考虑大英帝国要与德军展开长时间消耗战的能力和决心。7月14日新一轮大攻势打响，黎明时英军发起冒险的进攻后，6个师穿越了德军的第二道防线。索姆河战役第一阶段，德军在原有的"屠夫方案"（the butcher's bill）里又加了一条，即失去阵地后立刻反扑夺回，英国远征军和法军又缓慢地、艰难地击退了德军，罗马尼亚加入战争后，战斗的天平立刻向着不利于法金汉的方向倾斜，1916年8月29日，兴登堡和鲁登道夫接替了法金汉。

　9月中旬，英法联军再次发起一轮大攻势，法军进攻始于9月12日，英军在3天后开始行动。加拿大和新西兰军队加入了这次进攻。早些时候，澳大利亚和印度军队已经参战。这次进攻在10英里长的战线上展开，英国远征军的12个师，第一次在英国最新研制出的武器坦克的协助下，向前推进了大约1英里。9月25日，英国远征军借助已经取得的明显战果和猛烈炮火，重新开始进攻，之后秋雨把战场变成一片沼泽。由于各种原因，尤其是霞飞给黑格施加的压力，使得战场进入了旷日持久的消耗战阶段。11月13日，英军7个师在安克尔河（River Ancre）两岸开始了最后的进攻，向前推进了0.75英里，要塞波蒙特–哈梅尔村（village of Beaumont–Hamel）被攻下。11月18日，索姆河战役结束。

图3-2　1916年索姆河战场上的"马克Ⅰ型"英国坦克

对英国远征军来说，索姆河战役至关重要。自上而下和自下而上的战略与战术均能有效配合（其中包括步兵装备了路易斯轻机枪，可以边运动边开火，渐进地毯式炮火轰炸，使用了实用性强的装甲坦克，空军部队的有效参与等），从最高指挥部到下面各作战部队，英国远征军在战争的各个阶段积累了有价值的经验，意味着索姆河战役结束时，虽有重大伤亡，但是与战争初期相比较，它已是一支战斗力更强的队伍了。从战略上看，英法联军缓解凡尔登战役带来的压力的目的得以实现。德军损失极大，绝大多数战前的军官和军士都在这次战役中丧生。连续数月的攻势伤亡惨重，时至今日，人们还在继续激烈地谈论着它所带来的短期和长期的影响。英国军队损失达到42万人（包括阵亡、受伤和失踪的人数），法军损失19.5万人，德军损失高达约60万人。

东部战线

1916年，是沙皇俄国作为协约国成员发挥作用的最后一年。凡尔登战役中，法国急迫地要求盟国发动支援性攻势，所以俄国加强了对纳罗奇湖地区（Lake Naroch）维尔纳（Vilna）东部的攻势。俄军在人数上占显著优势（与敌方的比例是5∶2），并且进攻前进行了两天预备性炮击，这在东线是史无前例的，但"预备性炮击并没有给德军的防御带来多大麻烦，甚至远不如索姆河战役中那些最无用的炮击"。[3]1916年3月18日俄军开始进攻，但由于德军的炮火和地面积水的原因，进攻部队很快又退了回来。战斗持续到4月中旬，这次俄军进攻损失兵力12.2万人，其中大量人员的伤亡是冻伤造成的。德军损失在2万人左右。

1916年夏季，德军和奥地利军队继续攻打凡尔登和特伦蒂诺，沙皇尼古拉二世命令俄军猛攻以增援处于困境中的法国和意大利盟友。在该地的西南前线（部署有集团军群），4个集团军（40个步兵团，15个骑兵师）在阿列克谢·布罗希洛夫（Aleksei Brusilov）将军的指挥下，沿着普利佩特沼泽地（Pripet Marshes）到罗马尼亚边界的一条长300英里的战线发起进攻。迎战他们的是由奥匈帝国军队和德军组成的4个集团军，共39个步兵师（其中2个师属于奥匈帝国）和10个骑兵师。进攻于6月4日开始，炮击卓有成效，但由于整个前线都是俄军的炮火，而不是集中在少数几个地方，同盟国指挥官没办法确定自己的反击重点。俄军以惊人的速度推进，同盟国守军被打退了50英里，这一过程中同盟国军队的伤亡及失踪人数达到70万人。

随后，俄军遇到了战争中部队普遍面临的后勤供给难题——进则难，退则易，进攻开始慢了下来。同盟国则利用外围一条状况良好的铁路系统，从其他战线调来23个师加强他们的防御力量。因为意大利境内的战斗与凡尔登战役正激烈进行，还有即将开始的索姆河战役，协约国军队给德军和奥匈帝国军队施加了极大的压力。但是，西北前线的指挥官阿列克谢·埃弗特（Aleksei Evert）将军没有在东线的北部地区及时发起进攻，他找了一大堆理由6月13日才发起进攻，他的进攻不仅太弱而且太迟了。[4]可以想象，如果按照布罗希洛夫将军的打法，埃弗特将军应该发动一系列的攻势，阿列克谢·库罗帕特金（Alexei Kuropatkin）将军也会在北方前线发起攻势，这样俄军就会取得决定性的胜利。但是，结果却是奥德军队守住了防线。尽管到1916年9月20日，布罗希洛夫的部队最后筋疲力竭，俄军还是重新夺回了此前失掉的大部分领土，而且再次对喀尔巴阡山构成威胁。

双方都付出了巨大的代价：俄军伤亡约140万人，奥德军队伤亡约75万人。战争对参战双方的军队和国家都是又一次重大打击，它给俄国带来的影响更是立竿见影的。从某种意义上讲，战争对德国而言是一场胜利，因为它保证了东线的统一指挥，德国将军们有效地控制了奥匈帝国的军队。

抢占德国海外殖民地的战争

"一战"开始时，德国与海外殖民地的联系被英国皇家海军切断，加强海外殖民地的防御变得异常困难。在某些地方，协约国要把德国的这些殖民地据为己有已是轻而易举之事。澳大利亚和新西兰军队迅速占领了德国在太平洋岛屿的属地；英国和日本联合夺取了青岛——德国在中国的殖民地。夺取无线（广播）电台具有战略意义，例如在与奥斯曼帝国的战争中，英法两国就用了此策略，两国企图扩大各自的帝国版图，部分原因是保卫其现有领土的安全。

1914年8月7日，就在英国参战仅3天后，德国的海外属地多哥兰[①]被英法联军侵犯（大部分是英法军官指挥的非洲部队），英法联军只用了不到1个月的战斗就占领了该地。德国在西南非洲的殖民地（今纳米比亚），1914年9月也遭到来自南非联邦部队的攻击。由于南非国内的1.2万布尔人（自称"苦难的终结者"）反对南非联邦而发动叛乱，南非联邦部队撤离战斗。这些布尔人对1902年第二次南非战争（即第二次布尔战争）结束时达成的和平协议不满，利用这次与德国爆发战争的机会起来闹事。南非动用3万人的联邦部队镇压叛乱，1915年1月底叛乱被平息。叛乱平息后，南非联邦部队在西南非洲重新发动进攻，1915年7月中旬德国这个殖民地落入南非联邦手中。

为了抢占德国在西非的殖民地喀麦隆，英国、法国、比利时都出动了军队。与以前一样，这次战斗主要还是欧洲军官指挥非洲部队。战斗从1914年9月持续到1916年2月。对在德国的东非殖民地坦噶尼喀湖地区（Lake of Tanganyika）的英国军队来说，情况要复杂得多，德军中校保罗·冯·莱托-福尔贝克（Paul von Lettow-Vorbeck）带领一支非洲土著兵（Asakris），与人数明显占优势、公认装备良好的英军展开精彩的游击战，战斗一直持续到德国在欧洲投降后的第二周。当时莱托-福尔贝克听到了有关1918年11月签订停战协议的消息，他自愿投降，并未被击败。

---

① 多哥兰（Togoland），西非一地区，其西部已成为加纳。——编者注

在所有的非洲战役中，疾病导致的人员损失特别大。大量的非洲"运输工"被用来运送物资，他们的遭遇特别悲惨，尤其是患上了采采蝇从动物传播到人类的锥虫病（昏睡症）。在东非的战事中（1916～1918），军队在战场上的伤亡人数与非战场伤亡（即由疾病和事故引起的伤亡）人数的比例是1：31.40，"地方武装"的战场伤亡人数和非战场伤亡人数的比例更是高达1：140.83，包括了那些运输工。1916～1918年，战场上阵亡、受伤不治而亡、确认失踪或被俘的人数大约是士兵3650人、运输工700人；而"死于疾病或受伤"的军队士兵是6300人、"地方武装"4.32万人。[5]

意大利和巴尔干半岛战线

1916年，意大利军队总司令路易吉·卡尔多纳（Luigi Cardona）将军的战略与上一年基本一样。他在伊松佐又进行了5次战役（第5次到第9次是在1916年3～11月间进行的）。这些战役确实有实质性的收获，8月夺取了重要城镇戈里齐亚（Gorizia），但是除此之外，奥匈帝国军队的防御以及该地可怕的地势使意大利军队再无收获。另一条意大利战线特伦蒂诺，在奥匈军队发起的大规模进攻中（5月15日～6月17日）燃起了战火。这次进攻模式与"一战"的许多进攻模式类似：进攻初期取得胜利，然后遇到顽强抵抗，进攻越来越难以推进。意大利军队得到了俄军布罗希洛夫部队发动的攻势的支援，其攻势迫使奥匈帝国撤走了这里的军队，并把他们调到显然即将崩溃的东线。

俄军告捷，英法军队虽然行动缓慢但也稳定地获得索姆河战役的胜利，意大利则攻克了戈里齐亚，中立国罗马尼亚受到鼓舞，最终于8月向同盟国宣战。罗马尼亚采取进攻策略，打进了特兰西瓦西亚（Transylvania），但却遭遇了刚被降职的法金汉率领的部队。该部队由德国、奥匈帝国、保加利亚以及奥斯曼帝国的军队组成。罗马尼亚遭到了灭顶之灾。由于缺乏训练、指挥不力，罗马尼亚军队被打垮，首都布加勒斯特被攻占，罗马尼亚政府被迫签署了一份屈辱的和平协议。对德军来说，这场胜利使它可以炫耀，它是多么地擅长运动战，尽管对方显然只是一个三流角色。

罗马尼亚耕地肥沃，对德国来说是一个具有战略意义的宝地。但是对协约国而言，其在萨洛尼卡的"飞地"就不一样了。1916年，俄国和意大利的后备队以及重新组建的塞尔维亚部队使协约国兵力得到增强。萨洛尼卡战线之所以能维持，很大程度上是出于法国国内的政治需要，另外是要确保法军莫里斯·萨拉伊（Maurice Sarrail）将军有相当大的指挥权，这一点引起许多英军高级指挥官的不满。莫里斯·萨拉伊将军于8月发动了多里安战役（Battle of Dorian），开始他取得了一些成功，但后来德军和保加利亚军队发动反攻，迫使他放弃了占领的那点地方。萨拉伊于10月又发动了另一次进攻，占领了莫纳斯提尔（Monastir）。

奥斯曼帝国战线

1916年1月，奥斯曼帝国战局出现了新的转机，因为当时英国和法国为了减少损失，最终撤出了加利波利，尽管此举使英国和法国在伊斯兰世界的声誉受到影响（法国与英国都有数百万的穆斯林民众）。在美索不达米亚平原，英法联军的另一场灾难也在降临。当时汤曾德在库特（Kut）的防守部队被奥斯曼帝国军队包围，经过4次突围失败后，他们被迫于4月向奥斯曼帝国军投降，汤曾德和2700名英军士兵、6500名印度士兵一起做了俘虏。虽然汤曾德将军的囚禁生活还算不错，但普通士兵却很惨，俘虏管制人员不仅对他们疏于照料，甚至进行无情的虐待。

在高加索前线，俄军分别于1月和4月夺取了军事要塞埃尔祖鲁姆城（Erzurum）和黑海特拉比松港（Port of Trebizond）。随后在3~7月这段时间，英军进攻了安纳托利亚和美索不达米亚地区，但是遭遇了重新振作起来的奥斯曼帝国军队的抵抗，战局陷入僵局。英军对苏伊士运河的安全一直忧心忡忡，因此进入了西奈半岛的中心地带。他们策划了一个大型工程项目，修建从埃及境内的英军主要军事基地到西奈半岛的一条铁路。德军指挥官克雷斯·冯·克雷森施泰因（Kress von Kressenstein）陆军上校指挥一支奥斯曼帝国军队，试图阻止英军的介入，但是于8月4日在罗马尼亚被英军彻底打败，苏伊士运河和红海的安全最终得到保障。英国公开支持汉志（Hejaz，又名希贾兹）的阿拉伯人叛乱（1916年6月开始，源于奥斯曼帝国占领麦加），为英国提供了破坏奥斯曼帝国后方的机会。

日德兰海战

1916年1月，德国公海舰队指挥官雨果·冯·波尔（Hugo von Pöhl）海军上将被赖因哈德·舍尔（Reinhard Scheer）海军上将取而代之。舍尔抛弃前任的警告，重新采取消耗战战略，试图拦截和消灭英国皇家海军舰队。1916年5月31日，德军5艘巡洋舰在弗朗茨·冯·希佩尔（Franz von Hipper）海军上将的指挥下，沿着日德兰半岛西海岸向北驶去。这支舰队是诱饵，其目的是把英国舰艇引诱到舍尔的主力舰队的火力打击范围之内。舍尔部署了16艘新战舰和8艘老式战舰，位于诱饵舰后50英里。这些分散开来的舰队群还包括总计11艘轻巡洋舰和63艘驱逐舰。英国海军上将约翰·杰利科（John Jellicoe）爵士的英国联合舰队，收到伦敦海军部大楼40号房间发来的绝密情报，获悉德国公海舰队的行动计划，做好了迎战准备。他的舰队分成两队向东朝德国舰队驶去，南面4艘快速战舰和6艘巡洋舰由戴维·贝蒂（David Beatty）海军中将指挥，联合舰队的24艘战舰、3艘巡洋舰组成大舰队保持着70英里的航速朝北驶去。英国还派出总计34艘轻型巡洋舰和80艘驱逐舰为主力战舰护航。

希佩尔率领的德国舰队和贝蒂率领的英国巡洋舰队，在下午大约2点20分发现了对方。希佩尔立刻掉头朝舍尔驶去，贝蒂紧追不舍，两队舰船平行航行，相互展开了远距离猛烈的舰对舰炮火射击，很快德军占据优势，英国巡洋舰"玛丽女王"号（Queen Mary）和"不倦"号（Indefatigable）还未见到舍尔的主力就沉入大海，损失惨重。此时，贝蒂意识到他面对的全是敌舰，立即掉头以加倍的速度朝北向英军联合舰队急驶，后面舍尔和希佩尔的公海舰队紧追不放。杰利科在东边部署了舰队，拦在敌舰来路与日德兰海岸之间，这时追逐中的双方舰队先后到达。

海战于下午6点打响。英国皇家海军舰艇"无敌"号（Invincible）被击沉，牺牲1026人，同时希佩尔的旗舰"吕佐夫"号（Lützow）被英国海军炮弹重创。尽管杰利科的舰队和人员损失相当严重，可是他仍然能够部署海军经典的"T字阵型"迎战舍尔的先锋舰队。这种"T字阵型"能够最大程度地发挥炮火的威力。舍尔别无选择，只能命令舰队立即"战斗转身"，掉头向西南方向撤退。英国舰队紧追其后，再次摆开"T字阵型"，但舍尔带着他的舰队在烟雾和密集鱼雷的掩护下逃跑了。杰利科小心地避开鱼雷，混战一直持续到黄昏。英军舰队的位置此时正好处于德国公海舰队及其海军基地威廉港之间，英国舰队具有明显的战术优势。舍尔冒险利用夜幕开始降临之际以及眼前的混乱局面逃跑，他命令自己的轻巡洋舰从杰利科舰队后面进行攻击，在损失了先前受损的"吕佐夫"号和一艘老式战舰后成功突围，战斗至此，英国联合舰队只得掉头驶回自己的海军基地。

双方共计超过250艘战舰参与了日德兰海战，英国皇家海军损失3艘战列巡洋舰、3艘轻型巡洋舰、8艘驱逐舰，死伤和被俘6945人；德军损失1艘战列巡洋舰、1艘老式"无畏舰"、4艘轻型巡洋舰、5艘驱逐舰，死伤3058人。英国皇家海军舰队损失总数几乎是德国公海舰队的两倍，这引起英国国内民众对海军的失望情绪。围绕杰利科的"谨慎派"和贝蒂的"激进派"，皇家海军内部也出现了派系之间相互揭丑的情况。[6]事实上，英国是此次战役的赢家，它的战略地位没有改变，尽管后来曾有德国海军驶入北海袭击英国舰队的情况，但英国海军的海上霸主地位没有发生动摇。一位美国记者形象地总结了日德兰海战："囚犯袭击了看守，但他还是被关在了牢里。"

僵局

1916年过去了，战争的僵持局面依然没有被打破。这一年的战事给奥匈帝国军队和俄国军队造成了巨大损失，甚至危及沙皇政权，这一点在1917年3月（俄历2月）的"二月革命"中完全显现出来。德国明显在东线占了上风，西线法金汉的凡尔登战略失败——法国没有被赶出战场，法金汉本人的指挥权被兴登堡和鲁登道夫接替。法军虽然连遭重创，但这一年结束时打了一次胜仗。在德国看来，最糟糕的时期是8~9月，此时英法联军从各条战线向德军展开进攻，使德国进一步预感到同盟国防线崩溃的命运。如果罗马尼亚稍微早一点参战，也许会成为"压垮骆驼的最后一根稻草"。当然，在德国国内，购买战争债券的数量下降表明了中产阶级已经对德军获胜失去了信心。[7]战争债券的危机过去了，但是另一种隐忧又浮上德国政府的心头，那就是英国在西线部署了大规模的部队，成了德国的一个劲敌。英国远征军远不是一支完美的军队，但是它在不断完善提高，斗志高昂，并且当时在西线的数量庞大。德军最高指挥部里的新团队，由于担心重蹈索姆河战役的覆辙，决心在1916年再冒一次新的巨大风险：恢复无限制的潜艇战。

第 4 章

筋疲力竭
（1917）

A
SHORT HISTORY OF
THE FIRST
WORLD WAR

西部战线

1916年结束时，协约国军队最高指挥部准备在新一年继续索姆河攻势，但是由于法国政治家们对约瑟夫·霞飞彻底失去信任，这个计划泡汤了。霞飞被任命为法国元帅，这其实是"明升暗降"，他的继任者是在凡尔登战役最后阶段声名鹊起的罗伯特·尼韦尔将军。尼韦尔的作战理念与霞飞很不一样，他认为法军在凡尔登战役反攻阶段的战术是很有效的，即大规模的炮火先猛烈攻击以保证部队攻取一些目标。他还认为，这个战术可以更大胆地用来摧毁敌方阵地，这样就可以取得突破，从而摧毁西线的德军，获得决定性的胜利。

法军的主要进攻在埃纳地区的"淑女路"（Chemin des Dames）实施。在此之前，英军在阿拉斯周围与德军打消耗战，其目的是要将德军压制在前线上。黑格的英国远征军在执行这一军事任务时从属于法军总指挥部，这是大卫·劳合·乔治对尼韦尔妥协的结果。1916年年末，劳合·乔治出任英国首相，说得一口流利英语的尼韦尔说服劳合·乔治接受了他的意见，即英国远征军接受由法军总指挥部的永久指挥。1917年2月，在加来的一次会议上法国突然宣布了这一决定，并由此引起了整个第一次世界大战过程中英国军政关系最严重的一次危机。

德军最高指挥部也重新思考它在西线的战略，考虑到部队在凡尔登战役和索姆河战役中遭受的重创，最高指挥部命令收缩整个防线，一直退到新构筑的、防御工事异常坚固的"齐格菲防线"（Siegfried Stellung），英军把这里称作"兴登堡防线"（Hindenburg Line）。撤退于3月16日至4月5日期间进行，德军的防线缩短了约25英里，余出了13个师的兵力作为后备队。英法联军尝到了运动战的甜头，在被全面且无情摧毁了的阵地上追击退兵。不过撤退的德军并没有让人们感觉到它的野蛮凶残有稍许减弱。

1917年4月9日，是复活节后的星期一，英国远征军在阿拉斯战役中首战告捷且战果惊人。将军埃德蒙·艾伦比（Edmund Allenby）爵士的第3集团军深入德军阵地，表明新的战术是有效的。新战术是通过索姆河战役的苦战以及与法军探讨积累起来的结果。由苏格兰人组成的步兵编队第9师前进了3.5英里，是堑壕战情况下所实现推进距离最远的。由英国东部地区的人组成的第12师缴获了巴特里山谷（Battery Valley）中的敌方大炮。在左翼，中将朱利安·宾（Julian Byng）爵士的加拿大兵团，在英军炮火的强力支持下发起猛攻，占领了维米岭主要高地。遗憾的是，艾伦比被初期的胜利冲昏了头脑，相信经过长时间的等待，运动战最终会回到西部战线，于是他命令"第3集团军即刻追击溃败的敌军，并不计任何风险"。[1]事实上，英军还不能够从"定位进攻"完美地转移到"全面进攻"。第3集团军的步兵推进到超出增援炮火的射程之外时，德军迅速把增援部队派到了阿拉斯战场，遏制了英国远征军的前进。之后，尽管英军还能有限地向前推进，但是最明显的就是4月23日前进了1英里，战斗最终进入一种胶着状态，并一直持续到5月。此战，英国远征军伤亡人数达到15.9万人，日伤亡人数是整个"一战"中最多的，而德军的伤亡人数大约在18万人。

军事革命

　　第一次世界大战促使作战方式发生了深刻的变化，历史学家称之为"军事革命"［Revolution in Military Affairs（RMA）］。这里说的军事革命不是使用各种新式武器，譬如坦克、机枪、化学武器或潜艇，这些武器毋庸置疑都很重要。军事革命是三项现有的技术——大炮、无线电和飞机结合的成果。在1914年，无线电和飞机这两项技术还处在非常原始的阶段。一般来说，在"一战"前如果要击中一个目标，枪手必须能够看到它。大炮的有效射击还受到地图准确性的制约以及炮手是否考虑到大炮炮管的磨损情况（即校准情况）。

　　在西线，非直接炮击（在大炮发射点看不到射击目标）成为可能，因为飞机飞到敌人阵地上空找到目标，炮手在航空摄影绘制的精确地图辅助下，接受飞行员通过无线电的指挥开炮轰击，直到炮弹准确击中目标。这时候的战争可以"纵深"进行，以前如果在炮击范围内，军队、指挥部、后勤中心、铁路设施等，很容易遭到随机炮击，但现在这些却成了可以刻意精确打击的目标。防炮击工作在1914年前是不被重视的，可是到第一次世界大战时，却成了根本所在。军队花钱购买重型枪炮和弹药，尤其是榴弹炮和高爆炮弹，而不仅只是对步兵有杀伤力的榴弹。

这场军事革命的影响是深远的。此时的战争不是二维的，而是在三维中进行。地图绘制、航空摄影、测绘、校准和通信的进一步发展，与1917年出现的诸如声波测距和光测距等新技术相结合，合力催生了"超视距"炮火。指挥系统和操纵装置控制上的复杂改进，使大炮成为战争中起决定性作用的武器。在第一次世界大战中，有效使用这一武器的国家有德国、英国，从某种程度上说还有俄国。[2] 历史学家乔纳森·贝利（Jonathan Bailey）是最早提出"炮兵和空军引发了军事革命"观点的人，他认为这是"现代战争模式"（Modern Style of Warfare）的起源。自1914至1918年在西线出现以来，这种战争模式便成了常规的战争模式。[3]

1917年4月16日，在法国向埃纳地区发起进攻前，尼韦尔保证"24小时内拿下拉昂（Laon），然后全面进攻"，[4]如果48小时过去了还不能取得突破性进展的话，就停止进攻。虽然这种预期的胜利可以鼓舞士兵，但是法军的士气并不高。对于即将进行的战斗，尼韦尔大势吹嘘，一些细节甚至还出现在法国报纸上，这使行动的安全性受到极大影响。当进攻临近时，尼韦尔又变得不那么自信了，德军的撤退也是他没有预料到的，一些上层的怀疑派看到了尼韦尔计划的缺陷。1917年4月6日，法国高级军事官员和政治领导人举行紧急会议，之后尼韦尔虽然保住了职位，但威信扫地。[5]

到1917年春，与德国和英国军队一样，基于对大炮和轻机枪的有效运用，法国军队也熟练掌握了先进的战术。当4月16日发起进攻时，按1917年的标准来看，进攻的法国军队做得很好，推进了3英里。然而，德军顽强抵抗，拒绝放弃舍曼代达姆岭（Chemin des Dames ridge）阵地，战斗一直持续到4月25日，这也使该月成为法军自1914年11月以来最血腥的一个月：伤亡13.4万人，其中包括3万人阵亡。德军同样遭到重创，2.85万人被俘，187门大炮被缴获。但是对于法军来说，要取得预期的决定性胜利，这些有限的收获远远不够，实现尼韦尔保证的突破看来只不过是痴心妄想，而且他的承诺——如果不能突破就停止进攻——也没有兑现，因此饱受折磨的部队出现了叛乱。[6]

法军有54个师受到叛乱的影响，叛乱士兵拒绝执行指挥官的命令（尤其是进攻的命令），他们高唱反战和革命歌曲，有时还殴打军官。叛乱不像人们以前认为的那样，是和平主义者的宣传和破坏所致，其关键原因还在于士兵本身。他们身心疲惫，对这样无休止、无结果的进攻不再抱任何希望；他们心忧家庭，厌恶纪律。种种厌倦战争的症状，加上一些可能引起士兵不服从指挥的日常琐碎问题，譬如糟糕的食物、没有轮休等，都是引起叛乱的原因。第5步兵师的一个士兵6月给他叔叔写信，说出了他战友的需求：

> 要和平和休假的权力（原文如此），这些都遥遥无期，
>
> 要自由，不要屠杀；
>
> 要（好一点的）食物，现在的食物糟糕透了；
>
> 要公平，
>
> 不要黑人（例如法国殖民地部队）……他们虐待我们的妻子……
>
> 要和平，以养活妻子和孩子，要将食物送给女人和孤儿们。

贝当接替了尼韦尔的位置，他谨慎地解决这些问题，慎用处罚，在被判处死刑的550多人中，被执行死刑的人数在40~62人。幸运的是，士兵叛乱期间德军没有发起进攻，叛乱于7月初平息。1917年下半年，贝当利用有利时机，在凡尔登（8月20~26日）和迈松（Malmaison，10月23日）的一些地区向德军发动攻击并取得成功，这减轻了法军的压力，使他们重新回到习惯的进攻战中。不过在这一年余下的时间里，发动进攻的主要任务还是交给了英国远征军。[7]

第三次伊普尔战役

1917年，英军在西线的主要任务是围绕伊普尔展开一次大规模的攻势，战役由普卢默的第2集团军夺取梅西讷山脊

（Messines Ridge）打响（6月7~14日）。这是一场非常成功的定位进攻，英军引爆了德军堑壕下19个地下隧道里的炸药（地下隧道里塞满了烈性炸药）。虽然英军因此夺回了此前丢掉的重要高地，但是后勤补给困难，要立刻将进攻扩展到伊普尔突出部还不可能。当时，黑格对他的指挥团队作了调整，将发起主攻的任务交给了休伯特·高夫（Hubert Gough）爵士的第5集团军。他认为进攻需要一员"猛将"，而不是像普卢默那样太谨慎的指挥官。高夫的进攻计划很糟糕，黑格也没能"控制"住这位下属。黑格的目标是占领可以俯瞰伊普尔的马蹄形山脊，夺取鲁塞拉雷（Roulers）和图罗特（Thourout）的德军铁路枢纽中心，拿下敌方在奥斯坦德（Ostend）和泽布吕赫（Zeebrugge）的海军基地以及把对方赶出比利时。自黑格做了最高指挥官以来，他就希望围绕伊普尔展开战斗，这里有索姆河所没有的战略意义，还有另外一个理由，那就是要防备德国的U型潜艇战，所以占领比利时海岸是首要任务。黑格派出一个英军师到海岸一处所谓"无声训练营"（Hush Camp）的地方，训练部队在德军防线后面进行两栖登陆，一旦伊普尔突出部进攻开始，这些士兵和坦克都将一起投入战场。[8]

1917年7月31日，英军第5集团军从伊普尔突出部往东北方向推进，两翼分别由英军第2集团军和弗朗索瓦·安托万（François Anthoine）将军的法军第1集团军助攻。第5集团军左路和中路前进了2500~4000码[①]。防守的德军是锡斯特·冯·阿明（Sixt von Armin）的第4集团军，他们采用的是"弹性的"纵深防御战

———————————

①　1 码 ≈ 0.91 米。——编者注

术，防御地带构筑了一系列的碉堡群。英法联军在7月31日战役开始初期夺得的许多阵地，很快就被德军夺回，这是因为德军故意让联军前进，此时双方的力量失去平衡，德军凭借火力优势消灭对手。第5集团军右翼，联军的进攻在哥鲁维尔（Gheluvelt）高地受阻。这一重要的战略高地后面藏有德军强大的炮兵部队，可以有效地实施纵深炮击，以打击任何向东北方向的进攻之敌。随后倾盆大雨从天黑前就开始，一直下个不停，前十天炮击留下的数以千计的弹坑积满了水，战场遍地泥泞。这场雨整整下了一个月，尽管有时雨稍微小一点，那真是一场可怕的噩梦。所有这些都帮助了德军，他们决心坚决抵抗。8月16日，英军夺取伊普尔以北5英里处被炮火打得千疮百孔的兰格玛克村（Village of Langemarck）。哥鲁维尔高地上的德国守军，打退了英军一次次的进攻，因此这个地方仍然是个巨大障碍。

随着第5集团军深陷困境，黑格不得不承认，当初以高夫替换普卢默指挥主要战役，无论如何都是一个错误。而后，普卢默替代高夫，与参谋长蒂姆·哈林顿（Tim Harington）少将在第2集团军形成了一个强大的指挥团队。与第5集团军猛打猛冲的战术形成鲜明对照，第2集团军采用"咬住、守住"的战术，突击部队不得推进到炮火增援的火力范围以外（大概2000码的距离）。这种稳妥的做法，使进攻的部队能够夺取、加固阵地，随时做好防御敌方不可避免的反攻准备。恰巧天气转好，普卢默的部队先后成功地攻占了梅嫩路山脊（Menin Road Ridge，9月20日）、波利贡森林（Polygon Wood，9月26日）和布鲁兹埃恩德（Brood seinde，10月4日），拿下了哥鲁维尔高地，分别在帕斯尚尔山脊

（Passchendaele Ridge）南部和中部地区获得了立足之地。英军如果能够攻取帕斯尚尔山脊，那么就能处于十分有利的位置，可以很好地部署部队，并一鼓作气夺取鲁塞拉雷、图罗特和布鲁日盆地。在德军最高指挥部看来，战略形势十分令人担忧，他们考虑从伊普尔突出部进行大撤退。黑格眼看就要取得大进攻的胜利，而不是简单的消耗战的胜利。

在这紧要关头，天又开始下起大雨，地面变成沼泽。之前英军猛烈的炮击破坏了突出地的排水系统，要从这样泥泞的道路上将野战炮拖到指定位置准备下一轮进攻，真是太困难了。战争中，如果要保持进攻的节奏，就一定要让敌人没有喘息的机会，必须保证进攻连续不断地快速进行。大雨导致炮击的准备工作都很仓促，来不及建设道路和炮轨。上述原因导致了英军在普尔卡佩勒战役（Battles of Poelcappelle，10月9日）和第一次帕斯尚尔战役（10月12日）中的失败。[9]

黑格不得不压缩他的进攻计划，取消两栖登陆行动，着手准备再次攻占帕斯尚尔山脊的剩余部分，以此作为1918年新攻势的起点。加拿大军队加入战斗，指挥官是中将亚瑟·柯里（Arthur Currie）爵士，他预言可以夺取帕斯尚尔山脊，但是人员伤亡会在1.6万人左右。这两点他都没说错。从10月26日到11月10日，英法联军经4次进攻才摧毁并夺得帕斯尚尔村，帕斯尚尔山脊的小部分地方仍然在德军手里。12月2日，在战役的最后阶段，英军又发动了一次进攻，才成功拿下帕斯尚尔山脊。

帕斯尚尔战役结束后，该战役虽广为人知，但也引起极大的争议。正是由于此战役（而非索姆河战役），黑格和其他一些将领受到了指责。此战损失巨大，双方大约都在26万人。[10]在战争僵持阶段，德国更难以承受这样的损失。一位历史学家这样说道，很可能"德国民兵、后备军和战时应征入伍的士兵在帕斯尚尔战役都阵亡了"。[11]英军最高指挥部不了解战场状况这一说法是错误的，据说有一位高级指挥官看到战场上的情形时流下了眼泪。这场战役值得关注，至少到10月4日普卢默的第三次胜利结束时（大量的胜利已经被大众所遗忘）。之后，英国继续战争有三个理由，首先是继续消耗敌人。其次，减轻法国军队的压力，使其从叛乱中恢复元气。关于这一点，存在颇多争议，黑格当然认为这是必要的，而且他的观点得到了巴伐利亚王储鲁普雷希特（Rupprecht）的集团军参谋长赫尔曼·冯·库尔（Hermann von Kuhl）将军的支持，他说："英军必须继续打下去，直到冬季来临，让德军无法反攻……英军为协约国付出的牺牲是完全值得的。"[12]第三，正如哈林顿所说：只有帕斯尚尔山脊才是进攻可以停下的安全线。[13]英国远征军要么继续前进，要么减少损失往伊普尔后退，而后者在政治上和心理上都是不堪设想的选择。

西线堑壕战经历

在1914年年底西线战事形成僵持状态时，一条长400英里的简易堑壕体系从英吉利海峡一直延伸到了瑞士边界。[14]不同地段战斗的激烈程度也不同，有些地方战斗激烈，例如伊普尔和凡尔登都有过恶战，还有一些地方相对比较平静。在这些比较平静的地段，常常弥漫出一种"互不相扰"的态度，但是当好战的敌人上阵时，或者当局部或全面进攻开始时，这种消极的态度会遇到麻烦。在敌对双方的战壕比较接近的地方，总会出现心照不宣的休战和随之而来的手足情分。1914年"圣诞休战"（Christmas Truce）就是一个最著名的例子，当然还有很多其他例子。一位名叫恩斯特·容格（Ernst Jünger）的德军中尉回忆了一段因恶劣天气引起的精彩插曲：

一天早晨，天下起雨来，我爬出防空洞来到上面的堑壕，当时我几乎不敢相信自己的眼睛，一直被死亡笼罩的战场却呈现出一派"集市"的景象。双方堑壕里的人，因为雨水而不由自主地爬到堑壕顶部，接着人们开始来来往往，并在铁丝网前交换杜松子酒、香烟和制服纽扣等。那些从废弃了的英军堑壕涌出来的穿卡其色制服的身影最令人眼花缭乱。[15]

1915～1916年典型的堑壕体系，与早期阵地上的战壕相比较，已经有了相当大的发展。这时候的堑壕是由前方战壕、支援战壕、预备战壕组成，所有战壕都与通信壕连接。士兵们每天早上的第一件事就是"站位"，此时双方的士兵都爬上"射击台"（这是一个平台，士兵站在上面可以从堑壕顶部看出去并进行射击）。这是预防在黎明前的危险时期敌人突然进攻而采取的防御措施。机枪、步枪开一下火，或者大炮、迫击炮打几炮，要么扔几颗手榴弹，这样就组成了英军士兵所谓的"早晨的仇恨"。这是双方公式化的一种挑衅行为，强调己方战斗人员的存在，以此减轻前一晚堆积起来的紧张情绪。一位名叫H.A. 弗利（H.A. Foley）的英国士兵这样写道：

当天空慢慢放亮的时候，我们还抱有一丝希望，或许今天早晨他们会休息，可以平安地迎接黎明的到来。然后只见可怕的火光闪过，很快周围如同地狱。这天早晨，炮火密集，火光冲天，我们7个人蹲伏在射击处背墙下面狭小的掩体里，一颗高爆炮弹正好呼啸着落到背墙前面，背墙被炸碎了。空气里弥漫着浓烟，我们感觉经历了一场强烈地震。还好我们的出口没被堵上，我们挤着往外爬，顾不得詹姆斯（一名威尔士来的矿工）的哀求："托住顶棚，天哪，托住。"我们连滚带爬地从被炸塌的背墙下面爬出来，绕到邻近的掩体里，在这里等着下一轮轰炸。炮弹又来了，但是这一次落点离我们较远，渐渐地轰炸停了下来。[16]

哨兵继续放哨，双方进行各种各样的检查，之后就是令人开心的早餐时间。蹲堑壕本来就是夜里的事，所以，白天士兵们在堑壕里按部就班地做一些"内勤"，包括修补堑壕、装沙袋以及许多杂事，这些都是为了保证整体的作战效率和秩序。这种蜂巢式的劳动，伴随着偶尔的必要的休息以及午餐和晚餐的准备工作。因为敌方的狙击手让人不敢有丝毫懈怠，士兵们会尽量避免头和肢体暴露在护墙上面。天黑前会有一次"站位"，不久之后又开始加夜班。夜班主要包括轮流放哨——每个人都要到射击台上站两小时、修补加固堑壕和带刺的铁丝网、巡逻以及领取配额补给。[17]英军下士杰弗里·赫斯本兹（Geoffrey Husbands）回忆道：

> 堑壕里所有这些夜间的行动，都是为了我们自身的利益。我们排里有些人被安排去给大家领取补给，也就是食物；有些人被安排了一些令人兴奋的任务："跨过沙袋"去巡逻，或是听敌方的动静，回来时津津有味地讲述他们的惊异见闻，譬如遭遇积满水的弹坑，或是带刺的铁丝网，等等。我们这些被分配负责警戒任务的人与苏格兰士兵轮流去哨位站岗，总是被冻得瑟瑟发抖。[18]

蹲堑壕的时间有很多种，在前线一般是蹲1~2周，但视情况也可能延长或缩短，在下次轮到之前，待在增援部队或后备队的时间也大致相同。换防通常是在夜幕的掩护下进行，新来的人都要带大量的堑壕必需品（弹药、凿子、铁铲、带刺的铁丝以及波纹铁，等等），他们必须在天亮前安顿下来。炮击一些暴露的堑壕交叉处或堑壕后面的交叉路口，或是用机枪盲目射击，总是造成人员伤亡。如果换防的士兵没有遭遇这样的情况，他们就会觉得非常幸运。在大炮主宰的战斗中，那些"可怜的血肉之躯的士兵"只好祈祷炮弹放过自己。[19]

康布雷战役

　　1917年英军发动的最后一次攻势是在康布雷（Cambrai）。在此战中，英军和德军都展示了自己在西线的非凡战斗能力。11月20日，第一次大规模的坦克战，由朱利安·宾指挥的英军第3集团军率先打响。这场战役中还首次使用了知名度比坦克稍差一点但同样重要的"超视距"炮击。通过使用先进的重炮射击技术，英国皇家炮兵实现远距离预备炮击，避免了大规模的伤亡。[20]坦克和步兵冲入兴登堡防线，向纵深推进了5英里。此战役动用坦克400多辆，甚至还有最新的"马克Ⅳ型"（Mark Ⅳ）坦克，与索姆河战役时候的老式坦克相比较，有明显的进步。但是，所有的坦克行进的速度都很慢，机械性能也不稳定，容易遭到敌方炮击，第一天战斗结束后就有180辆动弹不了了。冬季的白天很短，骑兵虽然穿越了两军之间的空旷地带，但是由于出动太晚了，在天黑前并没有多大进展。德军在弗莱斯基埃（Flesquières）的关键地带进行顽强抵抗，也阻止了英军进一步扩大战果，同时使自己得到恢复，战斗转入不确定的僵持阶段。

　　11月30日，德军发动了反击，结果让他们喜出望外，反击中德军使用了一些战术，后来在1918年的春季攻势中又再次出现。德军在前几天失掉的阵地多数被夺了回来，黑格很不情愿地放弃了大部分已经到手的阵地。12月5日，整个战役结束，双方打成平局，损失大约都在4.5万人。可是英国人却陷入深深的失望之中，因为英国教堂已经敲响了胜利的钟声，这是第一次世界大战开战以来的第一次。黑格在国内的支持度开始下降，成了国民"大失所望"的牺牲品，他在索姆河战役声名鹊起，在帕斯尚尔战役中虽有争议但没有受到实质损害。尽管如此，英军最初的攻势和德军之后的防守反击，都表明战场上的强弱法则是不断变化的。自从堑壕战在西线出现以来，德军第一次发现，面对组织有序、进攻坚决的英军攻击，阵地是很难守住的。

东部战线，1917

俄国的"二月革命"燃起了英国和法国对俄国重新投入战争的希望。这也正是俄国新的临时政府的想法。大概是俄国临时政府没能与德国达成和平协议，却得到其盟友的坚定支持，所以决定继续参战。俄国的真实愿望只有一个——保住政权。但是，此时俄国民众和军队都十分厌倦战争。怀着1792年法国革命人士那样的斗志，新的俄国领导人发动了一场大攻势，后来该攻势以国防部长的名字"亚历山大·克伦斯基（Alexander Kerensky）"来命名。此战由能征善战的勃鲁西洛夫（Brusilov）将军指挥，7月初在加利西亚打响。最初俄军在广阔的战线上取得了一些显著战绩，挡在俄军前进道路上的奥匈帝国军队被打得措手不及，但不久俄军就面临后勤补给跟不上这个老问题，此时进攻的动力荡然无存。德军于7月19日开始反击，并且非常有效。俄军的纪律由于政权更替受到破坏，还未等到德军顽强追击，俄军已经自行解散。勃鲁西洛夫谴责"俄军不稳定"，以及"是否服从指挥官命令的讨论"……[21]德军在波罗的海地区再次发动进攻，9月初夺取里加（Riga），接着又发动一次两栖进攻，占领了波罗的海的一些岛屿。俄军的克伦斯基攻势完全是一场灾难，致使自身陷入混乱，临时政府的权力几乎在一天内被剥夺，通往首都和彼得格勒（今圣彼得堡）的道路全部敞开。11月俄国临时政府垮台。

意大利和巴尔干半岛战线，1917

对卡尔多纳率领的意大利军队来说，1917年上半年与其他时间没什么两样，依然是发动代价极大的攻势，企图把奥匈帝国军队打退。1917年5月的第10次伊松佐战役没有什么收获，但是在8月的第11次战役中，意大利军队前进了5英里，到达贝恩施扎高地（Bainsizza Plateau）。不过这一收获很快就被第12次伊松佐战役抹掉了，这次战役不是卡尔多纳发动的，而是同盟国发动的。战役由西线来的德军指挥官奥托·冯·贝洛（Otto von Below）将军指挥，7个德军师和8个奥军师组成第14集团军，贝洛把他的部队部署在小镇卡波雷托（Caporetto）要塞对面，位于路易吉·卡佩罗（Luigi Capello）将军率领的意大利第2集团军北翼。两支奥匈帝国军队在意大利第3集团军和第4集团军两翼发起进攻，同盟国空军获得了当地的制空权，这一点对于整个战役的结果至关重要。

随后的几个月里，同盟国军队这一进攻模式让英法联军感到似曾相识。10月24日清晨，同盟国军队的炮火先进行了6个小时密集的"飓风般"炮击，然后步兵开始采用渗透战术进攻，意军许多地方的防线很快被攻破，意大利士兵被冲得四处逃散，举手投降，只剩下有些地方零星的抵抗。位于同盟国第14集团军两侧的奥军两支军队的进攻，就没有那么顺利了。意大利第2集团军几乎被摧毁，第4集团军和第3集团军被翼侧的奥军击退。卡尔多纳企图在塔利亚门托河（Taglianento River）进行抵抗，此处离最初的战场已经有40英里远，但在11月2~3日晚，贝洛的先头部队强行突破了这一防线，意大利军队又继续撤退约70英里，最后一道防线建在皮亚韦河（Piave River）后面。由于补给无法到达，11月12日同盟国军队停止追击。意军阿曼多·迪亚兹（Armando Diaz）将军于11月8日接替了卡尔多纳的指挥权，意军趁机以皮亚韦河做天然屏障加强防守。

卡波雷托战役使意军损失32万人，令人吃惊的是其中有26.5万人被俘。这对意军是一次沉重的打击，但还不是致命的。令人瞠目的是，意军迅速恢复了凝聚力和活力，投入到了1918年的战斗。尽管卡波雷托战役有6个法军师和5个英军师的支援，而且他们都是在此战刚打响时就赶往意大利，遗憾的是直到战局稳定下来后他们才到达战场。法军和英军部队，由在西线有良好战绩的马里耶·埃米勒·法约尔（Marie Émile Fayolle）将军和赫伯特·普卢默将军率领，因为担心意大利部队被摧毁而率军奔赴意大利。奥军和德军的人员损失总计大约在7万人。

意大利军队溃败的原因，一是同盟国军队的进攻战术出色，二是意大利军队状况糟糕。曾经参加过战斗的德国年轻军官、后来成为陆军元帅的埃尔温·隆美尔非常吃惊的是，敌方部队士兵竟然扔掉武器把他当作救世主一样欢迎。隆美尔坚信，"哪怕只有一名军官拿枪抵抗，这样的情况也不会发生"。但是马克·汤普森（Mark Thompson）说，隆美尔"不可能想象到意军有多么困难——被围困在山顶上，命令他们与世界上最好的士兵去拼命，没有地形优势、大炮支援、没有通信联系和自信的指挥"，而且自1915年以来他们就一直遭受可怕的折磨。"其实意大利军队在卡波雷托失败的种子，早在1917年9月前就已播下"。[22]

在萨洛尼卡战线的莫纳斯提尔地区，协约国军队有一次进攻（1917年3月11~17日），目的是支援尼韦尔在西线的攻势，该攻势计划在4月中旬开始。但是在莫纳斯提尔的进攻没有获胜，其主要原因是多国部队协同作战的问题。当时，参战部队分别来自塞尔维亚、俄国、英国、法国以及投诚过来的希腊军队。德军和保加利亚军队组成的守军一直坚持到5月，这时候俄国和法国军队分别受到自己军队叛乱的影响，萨洛尼卡攻势才停止。这种不利的战局直到6月希腊加入协约国参战才稍稍得到缓解。

奥斯曼帝国战线，1917

对英军而言，1917年是其在中东有所收获的一年。1916年8月，新指挥官中将史丹利·莫德（Stanley Maude）爵士的到任，打破了巴士拉北部战斗的僵局。与汤曾德形成鲜明对比的是，莫德指挥这支美索不达米亚平原上经过加强和重新装备的部队，是以尽可能保证后勤补给的理念为基础。在强大的炮火掩护下，莫德谨慎地不断向前推进，1917年2月底重新夺回库特，3月11日攻占巴格达。但是莫德中将的战斗还没有结束，他的部队还进行了一系列其他战斗，目的是要加强英国对该地区的控制。11月，莫德因感染霍乱不幸身亡，他是这场战役中因疾病死亡的第二名高级指挥官。奥斯曼帝国军队的德国指挥官科尔马·冯·德·戈尔茨（Colmar von der Goltz）陆军元帅曾于1916年4月因伤寒病亡，巧合的是，莫德与他在同一间房屋离世。之后，莫德的指挥权由中将威廉·马歇尔（William Marshall）爵士接替，此人也是莫德所在部队的指挥官之一。

1917年，英军企图向奥斯曼帝国军队扼守的巴勒斯坦推进，不料在3月和4月的头两场加沙战役中惨遭失败。英军在战场上的军事行动得不到周密的后勤补给，包括横跨西奈沙漠的铁路的修建。英军第二次突破加沙防线失败，可是阿奇博尔德·默里（Archibald Murray）爵士却愚蠢地向伦敦报捷。事情败露后，默里的职务由新指挥官埃德蒙·艾伦比将军接替。艾伦比在接任之前是赋闲的，原因在于阿拉斯的失败。眼见西部战线成功的机会逐渐远去，劳合·乔治积极增援艾伦比部队，希望他夺取耶路撒冷，以鼓舞英国民众的斗志。[23]艾伦比抓紧时间准备，精心设计了第三次攻打加沙的计划（1917年11月1~2日），此战英军终于攻破防守牢固的加沙防线，迫使奥斯曼帝国军队放弃耶路撒冷，这座城市最终于12月9日落入英国人之手。

空战加剧

在战争压力下，空军迅速发展。类似"福克D.Ⅶ型"（Fokker D.Ⅶ）战斗机和1918年英国的索普维斯"鹬"战斗机（Sopwith Snipe），它们的复杂程度远远超出了战争初期刚投入使用时的情况。此外，具有专门用途的飞机也不断被生产出来，譬如主要用于轰炸的英国"DH-4型"轰炸机、法国"科东G-4型"（Caudon G-4）轰炸机、德国"A.E.G.G-Ⅳ型"轰炸机，以及主要用于炮火观察的英国"R.E.8"型侦察机、德国"信天翁C.Ⅲ"型（Albatross C.Ⅲ）飞机。同时，空军作战的战术也变得更加复杂，譬如将一大群战斗机编成战斗机联队，如曼弗雷德·冯·里希特霍芬的第一战斗机联队，就是空军指挥向更集约化发展的一个著名例子，而且空战日益成为地面进攻的一个必不可少的部分。飞行员的伤亡比例是极高的：英军飞行员的伤亡比例大约是50%，这是休·特伦查德的进攻策略所致；法军机组人员（飞行员和观察员）的伤亡比例是39%；德军飞行员的伤亡比例可能比英军还要高。[24]此外，飞行员执行战斗飞行任务还要遭受精神压力，这是无法估量但又是非常真实的。这些都成为后来描写空战的畅销书的核心主题，其中一本叫《翼之胜利》（*Winged Victory*，1934），该书作者V.M. 耶茨（V.M. Yeates）原是一名英军飞行员，于1918年执行过地面打击任务。

　　1917年，飞机对地面目标进行攻击已经十分常见。这种从空中对地面的攻击早在1915年年初就有了，只是当时方式不够系统。英国飞机在索姆河战役中的表现给德国人留下了深刻印象。飞机向地面进攻有两种形式：第一种，类似我们今天所说的近距离空中支援，能看见飞机向地面目标进行射击和炮击，直接支援步兵；第二种，类似于现代战场的空中封锁，目的在于孤立地面战场。1918年8月8日，亚眠战役（Battle of Amiens）的第一天，英国飞机在企图炸毁索姆河上的桥梁时损失惨重。在康布雷战役期间（1917年11~12月），英国和德国都出动了大量的飞机对地面目标进行攻击，这可以看作是飞机在战争中的运用已步入"成熟"阶段。[25]对机组人员来说，由于防空枪炮数量的激增，对地面进行攻击或者低空扫射变得异常危险。备受瞩目的一起飞行员阵亡事件发生在1918年4月，飞行员里希特霍芬当时并不是在执行地面攻击任务，而是低空飞行，所以很容易受到地面防空武器的射击，他极有可能是被一名澳大利亚机枪手击中的。

　　系留气球[①]在战场上起过关键作用，它装备有电话和望远镜，侦察员可以从吊舱看到很远处敌人阵地的情况，在4000英尺高空能够看到15英里远的地方，因此可以获得很

---

① 系留气球（tethered balloon），是利用缆绳将其拴在地面绞车上，并可以控制其在大气中飘浮高度的气球。——编者注

有价值的情报。系留气球很容易成为战斗机首选的攻击目标，而且也是敌方重点防御的目标。美军飞行员弗兰克·卢克（Frank Luke）中尉最擅长射击此类目标，获得了"亚利桑那气球克星"的称号。1918年9月，他驾驶法国"斯派德型XIII"（Spad XIII）战斗机，仅在8天的飞行中就击落14个系留气球、4架飞机，到9月底他阵亡时，他击落的系留气球和飞机总数达到26个（架）。卢克获得了美国颁发的最高勋章——美国国会荣誉勋章。

海战，1917 ~ 1918

　　第一次世界大战的最后两年，英国舰队和德国舰队在北海一直处于对峙状态，整体战略形势保持不变。只要这种格局不被打破，英国皇家海军就稳操胜券，它对远海的控制给协约国提供了巨大的战略优势。第二次赫尔戈兰湾海战（the Second Battle of Heligoland Bight，1917年11月17日），是"一战"中英国海军和德国海军均派出主力舰参战的最后一战，不过规模很小且双方均无损失。德国公海舰队驶入北海的最后一次冒险，是在1918年4月，但是没有与对手英国皇家舰队遭遇。在1918年10月末，已经非常接近"一战"尾声时，由于当时德军的形势日益严峻，德国海军总指挥部命令公海舰队出海，要么战败要么灭亡，这总比继续无所作为要"光荣"得多，希望寻找久违的最激烈的战斗。听到这个计划后，威廉港和基尔港舰上的士兵发动起义，最终舰队落入起义者手中。

在地中海，由英国、法国和意大利舰船组成的联合舰队（意大利舰队于1915年参与战争），其数量超过了奥匈帝国和奥斯曼帝国舰队合在一起的数量，这里没有发生大的海战。亚得里亚海的奥匈帝国舰队拒绝参战，结果成了名副其实的"存在舰队"，但是它对协约国构成的威胁也不可小觑，因此协约国在地中海部署主要战舰以防万一。这些战舰得益于奥特朗托封锁线（Otranto Barrage）的支持，也就是部署在亚得里亚海的舰队。另外，欧洲南部的海战最有可能由潜艇和海上轻型舰船发起，这包括1915年春天以来投入战斗的德国U型潜艇。潜艇对主力战舰的威胁在于鱼雷攻击，如加利波利战役中英国皇家海军的老式无畏舰"胜利"号（Triumph）因遭到德军潜艇发射的鱼雷袭击而沉没（1915年5月25日）。德国—奥地利发动的潜艇战于1917~1918年升级，并取得了一些胜利。在波罗的海，德国海军和俄国海军是两个主要的对手，但是大规模的攻方和守方的鱼雷区，对东部战线的影响有限。黑海的一些战事主要发生在俄国和奥斯曼帝国之间，但都局限在小的冲突、海岸炮击和使用鱼雷方面。[26]

U型潜艇战

在第一次世界大战爆发的最初几个月里，德国U型潜艇就显示出其潜力。1914年9月22日，英国三艘老式巡洋舰——皇家海军舰艇"阿布基尔"号（Aboukir）、"克雷西"

号（Cressy）和"霍格"号（Hogue）很快被德国U-9潜艇击沉。这是德国对英国海上封锁的挑战。

　　潜艇根本无法抓获和扣留商船上的船员。德国认为英国无休止地对其实施长期封锁已经超越了国际法规定（也许他们没错），1915年2月德国宣布实施第一次无限制潜艇战。所有驶近不列颠群岛的船只，无论来自哪个国家，都会遭到攻击。这次潜艇战并没有持续多久。1915年5月7日，英国皇家邱纳德海运公司（Cunard liner RMS）的邮轮"卢西塔尼亚"号（Lusitania）在爱尔兰海域被击沉，致使1000多人丧生，其中包括128名美国公民，此事引发了美国的强烈抗议，英国舆论借机进行大肆宣传。面对国际社会的谴责和来自中立国以及协约国的可怕舆论，德国最终结束了无限制潜艇战，转而直接把攻击目标对准协约国船只。然而失败的攻击也让德国有所收获：1915年击沉船只总吨位达到885471吨；1916年又有123万吨位的船只被击沉。

　　1916年下半年，德国的绝大多数潜艇都局限在北海，与公海舰队一起活动。从佛兰德基地和地中海基地出来的德国舰艇，主要依靠水雷和鱼雷攻击敌方的战船和交通运输船只。第二次无限制潜艇战于1917年2月1日打响，德国担心索姆河战役那样的僵局又一次出现，再次冒险启动无限制潜艇战，并对英国南部实施轰炸。德国希望炸沉那些从海上往英国运输食品和其他重要补给的货船，让这个国家闹饥荒而被迫退出战争。德国几乎没有考虑美国对其再次袭击中立国船只的行为可能采取的反应，只想在美国的人力和财力给自己带来严重麻烦之前，以每个月炸沉60万吨敌船的速度打击英国。德国的想法是，只要把英国赶出战争，它就有希望很快赢得战争的胜利。

重新启动的潜艇战，最初是很成功的：在1917年2～4月，德军潜艇击沉敌方船只的吨位数分别是52万吨、56.5万吨和86万吨，英国似乎面临失败。1917年5月，英国海军为过往船只提供护航，商船集合成群在战舰的护航下航行，这极大地减少了船只损失。在护航期间，8894艘商船中损失的只有27艘，而独立航行船只却沉没了356艘。[27]德国这次冒险没能打破英国的封锁，相反在俄国即将被迫退出战争的关键时刻，平白地使自己多了一个劲敌——美国。当然，美国加入战争后，协约国的封锁会更加有效。第二次无限制潜艇战，一直持续到"一战"结束，1918年8月被德国击沉的船只吨位数是31万吨。

与此同时，争夺英吉利海峡的战斗丝毫没有减弱。停泊于德国海军基地奥斯坦德、泽布吕赫的潜艇和轻型水面舰船，威胁到英国与欧洲大陆的直接沟通。英国皇家海军采用在海岸布置炮火以及在英吉利海峡入口布设水雷的方式予以回击，但威胁依然存在。对此，英国皇家海军袭击德国海岸，包括著名的1918年4月23日"圣乔治日"对德国泽布吕赫的进攻，但解除德国潜艇威胁的唯一方法是地面部队夺取比利时海岸。事情发生在1918年9月末，协约国军队在伊普尔地区发起对德军的进攻，迫使德国海军放弃基地，10月初英国海军占领德国海军基地奥斯坦德，没有遭到任何抵抗。"一战"最后一个月，被U型潜艇击沉船只吨位数减少到11.6万吨。[28]

德国的U型潜艇确实比其战列舰队更有价值，其舰队在"一战"前德国和英国海上交战时发挥了很大作用。到停战时U型潜艇一共击沉敌方舰船吨位数总计1250万吨，而自己只损失了178艘战舰。毋庸置疑，德国的潜艇战给协约国构成了极大的威胁，但它还不足以帮助德国赢得"一战"的胜利。英国及其盟友除在个别极端危急时刻外，总是能够在可承受的损失范围内，把数以百万吨的物资和成千上万的增援部队输送到世界的各个地方。

第 5 章

转折与进攻
（1918）

A
SHORT HISTORY OF
THE FIRST
WORLD WAR

西部战线

进入1918年，战争双方的力量刚好达到平衡。虽然俄国于1917年已经退出战争，但美国（作为参战国）加入了协约国。美国有巨大的潜力，和平时期其部队规模很小，现在正在扩充，到1918年已经做好了战斗准备。法国和英国熬过了1917年这筋疲力尽的一年，毫无进展且伤亡惨重的西线攻势在国内和前线都引发了厌战情绪。同盟国打败了俄国，使德国获得了战略上的主动权，德国迅速把部队从东线调到西线，准备发动一场大规模的攻势，企图在成千上万美国增援部队的到来使协约国占到优势之前，迫使英国和法国屈服，从而取得西线战事的完胜。因此，英军和法军不得不继续发动进攻，并等待大风暴的到来。

1917年年末，德国手中握着王牌，一种选择是与协约国进行严肃谈判，把自己以前在西线占领的领土归还给对方，同时利用谈判带来的和平时机，再去开发从垂死的俄国那里夺取的领土。考虑到大后方面临的严重危机和摇摇欲坠的盟友遇到的问题，这一选择是明智的。可是，德国政府被兴登堡和鲁登道夫有效地把持着，他们做出了另一种选择：采取军事行动。凑巧，他们做出决定的日期是11月11日，恰好是一年后西线停战协定生效之日。德国"迈克尔行动"的主要打击目标是英国远征军。如果英国被打败，法国就不得不进行和解。1918年将是与时间赛跑的一年，德军能在形势对德皇政权不利前取得真正的决定性胜利吗？

兵源危机迫使黑格缩小英军师级的规模。因为受到德军佯动的困扰，并意识到自己的力量不足以面面俱到，黑格选择部署重兵防守通往英吉利海峡港口的关键地区。毫无疑问，这是正确的决策，但同时也使高夫率领的英军第5集团军由于势单力薄而处于危险之中。当时，黑格还不知道该集团军已成为德军"迈克尔行动"的主要攻击目标。高夫只有12个步兵师，却守卫着42英里的防线。1918年3月21日凌晨4点40分，将近1万门大炮和迫击炮开始炮轰第5集团军和部分第3集团军的防守阵地。5小时之后，德军第2集团军和第18集团军组成的"暴风突击队"以压倒性优势的兵力——52个师对英军的26个师，开始发起进攻。英军由于缺乏防御战经验，也是第一次采用纵深防御的办法抵抗德军的进攻，经常把大量的士兵塞到本应轻兵防守的前沿阵地。在大雾的掩护下，加之部分英军士气不高，德军成功地打破战争僵局，进入运动战。此战德军缴获英军大炮500门，俘虏3.8万人。但是，德军也并非一帆风顺，英军第5集团军的一些部队进行了顽强的抵抗，有些目标没有被德军拿下。在高夫的左翼，朱利安·宾的第3集团军遏制了德军的进攻，使其并无多大收获。

士气与纪律[1]

以21世纪优越的作战条件回过头看第一次世界大战，人们似乎很难理解当时的军人在死亡和受伤概率都很高的情况下，是如何应对战场的可怕条件的。事实上，第一次世界大战并没有特别可怕之处。所有现代化工业时期的战争，对于前线的士兵来说都是可怕的，人们不应该忘记还有大量的后备部队，他们没有常蹲堑壕或参与作战，但是，他们也一样做出了牺牲。

"一战"期间，让士兵坚守岗位的一个重要因素是纪律。简言之，有纪律就是军队，反之则是乌合之众。纪律可以定义为一种行为准则，是训练和教导的结果，用以确保个人和团队服从命令，以形成和保持军队的凝聚力。上级军官可以发出攻击目标的命令，下级官兵遵从并执行这些命令，其原因就在于纪律。1917年的俄国"二月革命"之后，部队指挥官的权威遭到破坏，结果大量士兵逃离部队。纪律是在奖励和处罚相结合的情况下建立和巩固起来的，做得对就奖励，违反就惩罚。自古以来，纪律已经成为士兵们打败甚至强于对手的重要因素。人数多而且有勇气、有技能的部队，如果没有纪律把大家约束在一起，让大家服从命令如一人，就会被人数少却军纪严明的部队所战胜。[2]

"一战"的军队兵源依靠新兵储备，他们中的一些人已经适应了纪律。例如1914年，德国和英国都已经是高度工业化和城市化的国家。19世纪的工业革命彻底改变了劳动模式，工厂工人必须服从"工业纪律"，必须服从"无军衔指挥官"的命令，当班时间必须自始至终坚守岗位，必须接受这种"整齐划一的、程序化的、单调乏味的工作"，这与工业化前的工作节奏大不一样。[3]所有工人阶层的士兵（所有部队中，绝大多数士兵都是由这些底层社会的人组成）都习惯于处在社会底层以及底层所代表的一切。对有些士兵而言，军队有好的方面，譬如衣食无忧和同袍情谊，这些有助于克服军队生活的负面问题。即便如此，所有军队要负责新兵的基本训练，这种训练有些是令人不愉快的，有些甚至还是残忍的，其目的是打破新兵的自我意识，使他们融入一个可以绝对服从命令的整体。中产阶层的、受过教育的士兵来到部队，发现自己被安排在士兵之列而不是军官，比起工人阶层的士兵，他们就更容易对训练发牢骚，而工人阶层的士兵只是觉得这些训练比平常生活更苦点而已。

　　惩罚的方式因部队而异。多数是比较轻的：取消特权，让违纪者干些苦活或危险的活。英国军队采用"当场惩罚"（Field Punishment）方式，最严厉的惩罚是把违纪者绑在一个固定物上一段时间。尽管这种惩罚备受诟病，但比起传统的鞭刑，这还算是比较人性的。作为处置紧急情况的措施，俄国军队于1915年又开始使用鞭刑。监禁也是一种选择，但因为它提供了不用蹲堑壕的机会，因此英国军队谨慎使用这种惩罚。

叛乱是最严重的军事犯罪，因为它对军纪构成致命打击，类似的还有逃跑，其危害程度仅次于叛乱。对这两种罪犯，几乎所有部队都执行死刑，其目的有时候纯粹是警示。人们通常认为，整个部队军纪严明，往往比对个人判决的公正性更加重要。确实有某些判决，也许是很多，枪决的是一些精神病伤员。军纪与民事司法两者有不同的目的。德国军队对死刑的使用很谨慎，150例死刑判决中只执行了48例；法国军队中的死刑执行情况不详，因为有些是被就地处决的，就其文件记录来看，枪决人数是600人（2000人被判死刑）。然而在1917年法军叛乱的当天下午就有554人被判死刑，实际执行死刑的人数远远低于这个数字。[4]英国军队依据"军事刑法"对346人执行了枪决，另外有些印度士兵被处死，但是数目不详。澳大利亚政府不允许采用死刑，澳大利亚军人还要遵守英国军法。意大利军队的惩罚是最严酷的，包括"大批杀害"，方法是如果一支队伍违反了军法，那么就要通过抽签选中某些人被处死。路易吉·卡尔多纳将军崇尚的大批杀害式惩罚方式被他的继任者阿曼多·迪亚兹将军废止。在1917年"卡波雷托灾难"后，迪亚兹将军却试图恢复这一惩罚方式。"一战"中大约有750名意大利士兵被枪决。

纪律是团结部队的重要因素，但不是唯一的因素，确切地说士气非常重要。19世纪军事思想家卡尔·冯·克劳塞维茨对"情绪"和"精神"做了区分："情绪"可以很快变化，取决于个人是否挨饿、受冻或是衣食无忧；"精神"是指忍耐和战斗的意志。士兵或整个部队极有可能会抱怨，但是他们的精神不能动摇。当他们精神崩溃的时候，如1917年俄军的大多数部队那样，以及德军1918年10~11月那样，部队的战斗力就丧失了。依靠部队和士兵对事业的信念、对集体的忠心，或者对战友和上级以及其他因素的信任，都是很重要的，因此有些基本的事情是必要的，例如写家书、休息、探亲假、抽烟、喝酒、热饮，尤其是伙食。1918年，奥地利士兵打消了逃跑的念头，其原因是军队还有勉强的食物，总比在家里挨饿强。有些军队，最典型的是英国军队，在某种程度上德国军队也是如此，慈父般的军官把照顾士兵看作是自己的责任，这是保持士气的关键。1917年法军中所发生的严重叛乱，其中原因之一就是许多军官不关爱士兵，采用严厉的家长式管理所致。[5]

随后的几天，进攻开始失去动力，鲁登道夫重新进行战略部署。奥斯卡·冯·胡蒂尔（Oskar von Hutier）将军的第18集团军最初只是做翼侧防御，现在被调整为主攻冲在最前面，作为楔子插入最南边英军和最北边法军之间。新的部署分散了德军进攻的兵力，结果鲁登道夫没能集中兵力占领至关重要的交通枢纽。如果这些地方落入德军手中，英国远征军的战斗力将被削弱，或许遭遇致命一击。[6]面临被分裂和被各个击败的危险，英军接受了法国长期以来关于由法军指挥官统一指挥的主张。1918年3月26日，法军费迪南·福煦将军出任英法联军总司令。

图5-1　费迪南·福煦元帅
（法军指挥官，1918年任英法联军总司令）

德军运用飓风般猛烈炮击和突击队的战术也会失灵，这一点在"火星行动"（Operation Mars）中就很明显。"火星行动"是为攻打阿拉斯设计的，1918年3月28日，英军第3集团军果断击败了德军的该次进攻。另外，由于英军的顽强抵抗以及法军的增援，德军的"迈克尔行动"也止步不前。守军的后勤补给容易时，进攻方的后勤补给就会出现问题。德军一方，由于其步兵前进太远，超出炮兵火力增援范围，供给出现困难，因此德军无法保持进攻势头。德军向亚眠重要的铁路交通枢纽发起的进攻，也于4月4~5日被澳大利亚军队和英国军队挡在了维莱尔·布雷托诺（Villers Bretonneux），这是"迈克尔行动"的最后一搏。德军伤亡和失踪人数估计在23.98万人，协约国军队伤亡总计约为25.48万人。德军的进攻取得了重大进展——从地图上看是这样，但是纵深40英里的突出地难以防御。英国远征军从初期的挫折中得到很好的恢复。关键是，鲁登道夫没能把他的部队插入英军和法军之间，"迈克尔行动"失败，协约国军队取得了防守胜利。

接着，鲁登道夫把注意力转向佛兰德。1918年4月9日，德军发动"乔吉特攻势"（Operation Georgette），在1915年的新沙佩勒战场再次攻打协约国军队的防线，英军称其为"利斯河战役"（Battle of the Lys）。英法联军最高指挥部再一次意识到，德军初期的进攻极其凶险。葡萄牙是英国的老盟友，于1916年参战。此时葡萄牙的一个师正好在正面抵挡德军的进攻，结果被打败逃走了，翼侧的英军只好逐步退出防线。假如德军撕裂英法联军的防线，不仅对于英法联军是一场噩梦，而且对英吉利海峡港口城市的威胁以及对英国远征军供给线造成的威胁将更可怕。1918年4月11日，情况显得十分危急，黑格发布了他著名的战斗命令："每一个阵地必须坚守到最后一个人，不许撤退，必须背水一战，我们的战争是正义的战争，人人都要战斗到最后一刻。"[7]英军的顽强抵抗把德军挡在了阿兹布鲁克（Hazebrouck）

外，阿兹布鲁克是佛兰德的关键交通枢纽。福煦断定英国远征军
能够坚持住，没有派遣大量法军增援，他是正确的。最后，尽管
英国远征军不得不放弃许多已占领的地方，包括帕斯尚尔战役夺
取的部分阵地，但是德军也没能突破英军的防线。4月24日，德
军在亚眠发动助攻，但在维莱尔·布雷托诺遇阻。此次著名的行
动出现了历史上第一次坦克大战。到4月末战事停止时，德军的
伤亡已达11万人，英法联军伤亡14.7万人。

图5-2 埃里希·鲁登道夫将军

（1916~1918年任德军第一军需总监）

5月27日，德军经短暂休整后，在埃纳发动了代号为"布吕

歇尔行动"（Operation Blücher）的进攻。法军第6集团军，其中包括一支英国部队，没有对纵深防御足够重视，结果成为德军猛烈炮火和突击队的牺牲品。德军前进仅40英里就俘虏英法联军5万人，还夺取了苏瓦松（Soissons），但是很明显此次进攻没有击溃法军。对德军来说，不幸的是那些奋力抵抗德军进攻的部队中有美军：美军第1师，5月28日在康蒂尼（Cantigny）初次参战；美军第3师，5月31日在蒂埃里城堡（Château Thierry）打了一仗；美军第2师6月初在贝洛森林（Belleau Wood）阻止了德军的进攻。战场上出现这些较少数量的美军表明，在美军大量到来之前，鲁登道夫已经没有太多时间实现他的目标了。

鲁登道夫策划对马兹河地区（River Matz）乔治·亨伯特（Georges Humbert）将军率领的法军第3集团军发起代号为"格奈森瑙行动"（Operation Gneisenau）的消耗性攻击，旨在为"哈根行动"（Operation Hagen）做好准备。"哈根行动"旨在德军于佛兰德发动一场最激烈的战斗。6月9日，胡蒂尔的德军第18集团军率先打响"格奈森瑙行动"，战斗的第一天前进了6英里，但是6月11日法军在查尔斯·曼金（Charles Mangin）将军的指挥下发起反攻，遏制了德军的进攻。曼金将军在尼韦尔攻势后就一直赋闲，但现在复出且很得赏识。这场战斗一直持续了4天才停下来，美军第1师和第2师参与了此战。"格奈森瑙行动"失败后，德军最高指挥部只得另寻机会发动进攻，以消耗法军实力，为最后在佛兰德针对英国远征军发动的"哈根行动"做好准备。

转折点：第二次马恩河战役与亚眠战役

第二次马恩河战役是第一次世界大战中最关键的战役之一。1918年7月15日，德军第3集团军、第1集团军在兰斯（Reims）东边发起进攻，德军第7集团军、第9集团军在西边增援。防守军队有两个法国集团军，其中包括9个美军师、2个意军师和2个英军师，由保罗·迈斯特（Paul Maistre）将军和马里耶·埃米勒·法约尔将军指挥。到这个阶段，德军的战术已失去新意，协约国军队不像1918年5月埃纳战役那样，现在对纵深防御法运用自如。在法军第4集团军前沿，德军进攻受阻，其进入到作战区之前就在前哨地带被打退。德军已经失去了突袭的机会，英法联军从审讯德军俘虏时得知了德军进攻的时间，在德军发起进攻前90分钟向德军实施了破坏性的反炮击。但是，德军第7集团军还是成功地渡过了马恩河，前进了4英里。福煦临阵不乱，派勇猛的曼金将军率法军第10集团军攻打桥头堡西侧，牵制住德军6个师，使其在马恩河对岸狭窄的突出地带寸步难行。

1918年7月18日，协约国联军反攻开始，杰-马利·德古特（Jean-Marie Degoutte）将军率法军第6集团军取得重大胜利，曼金的第10集团军加入反攻迅速扩大战果。法军和美军的炮兵、步兵以及坦克把德军打退了4英里。法军第10集团军俘虏德军1.5万人，缴获大炮400门。这场战役还没有结束，新加入作战的法军第5集团军和第9集团军给德军要塞施加了巨大压力，鲁登道夫别无选择，只能下令撤离马恩河桥头堡。到8月6日，即福煦被晋升为法国元帅之日，此战役结束。德军发动的佛兰德进攻被无限期搁置，因为协约国联军已经从德军手里夺回了战略主动权。鲁登道夫称第二次马恩河战役是"德军第一次巨大失败"。[8]1918年4月9日到7月18日，德军的伤亡人数达到44.8万人，协约国联军顽强地抵挡住了德军一系列进攻，极大地削弱了德军的战斗力。鲁登道夫没有得到他想要的决定性胜利，而协约国联军是否还能有所收获，还得拭目以待。

为响应福煦发出的协约国联军进攻的命令，黑格准备率部队进攻亚眠。罗林森的英军第4集团军和德伯尼的法军第1集团军是主攻部队。罗林森把中将理查德·巴特勒（Richard Butler）爵士的英军第3集团军和中将约翰·莫纳什（John Monash）爵士的澳大利亚兵团部署到战场上，并且让柯里的加拿大兵团也秘密从北部南下。加拿大兵团是黑格麾下最能征善战、最强大且武器最新的力量之一。如果德军在亚眠地区发现加拿大军队的话，他们会高度警惕，想到协约国军队可能发动进攻。协约国联军的保密和诱骗战术令人赞叹。经过战争洗礼的英国炮兵在这一阶段已经无坚不摧，为突袭胜利提供了保障。英国炮兵擅长于"超视距"炮击，不再需要通过预备炮击来表明进攻意图了，所以联军的进攻打得德军猝不及防。

1918年7月4日，在哈梅尔村，联军采用化整为零的战术与德军作战，参与的部队有澳大利亚编队，其中还有美军，此战役证明英国远征军的战术非常有效。亚眠战役更加大规模地采用此战术，也非常有效。此次亚眠之战的目的，是消灭该地重要铁路枢纽东边德军防守的突出部。亚眠战役中，英军第4集团军共17个师参与作战，出动坦克400辆；法军第1集团军共7个师参战，出动坦克90辆。关键是联军在枪炮和飞机方面比敌方有绝对的优势。与之作战的德军是第2集团军和第18集团军，共计20个不完整师，每个师仅配有4000支步枪。

亚眠战役于1918年8月8日凌晨4点20分打响，炮兵是进攻成功的关键。德军530门大炮，其中504门在开战前已经被英国远征军确定了位置，战斗一打响这些大炮立刻被彻底摧毁。[9]由于德军大炮几乎全部被摧毁，联军进攻的步兵和坦克，在密集的炮火和飞机向地面袭击的掩护下，突破了德军10英里的防线。德军士兵失去斗志，纷纷弃械投降，开战仅2小时大约1.6万人当了俘虏。战斗进行到天黑前，联军向德军防御纵深推进了8英里。此战德军伤亡2.7万人，英军第4集团军伤亡8800人。后来，鲁登道夫把1918年8月8日称为"德军战争史上的黑暗之日"。[10]在右翼，德伯尼的法军第1集团军也稳步扩大战果。随后几天，战斗继续进行，但是联军进攻远不如之前那么重要了。8月10日，乔治·亨伯特的法军第3集团军投入战斗，占领了蒙迪迪耶（Montdidier）。如果第二次马恩河战役使联军夺回战略主动权，那么亚眠战役——"百日攻势"的开始，就标志着协约国联军开始在战争中占有主动权。

"百日攻势"

亚眠战役给德军最高指挥部以沉重打击。尽管决定性胜利已经不再掌控在自己手里，德军最高指挥部依然抱着一线希望，那就是让协约国联军的进攻付出巨大伤亡，这样的话联军就会适度退让并与德军讲和。德军在马恩河战役和亚眠战役的两次失败，也严重打击了普通士兵的士气，士兵在接下来的几个月里越来越失去了斗志，而联军则从亚眠战役中找到了制胜的法宝——新的战法。福煦准备继续在亚眠地区展开进攻，但黑格在部下的建议下反对这样做，福煦同意了黑格的主张，结束了亚眠的战斗，重新策划新的大战役。大战役由英军第3集团军在位于1916年索姆河战场以北10英里处打响。此次规模庞大的行动，从计划到组织，速度快、效果明显，英军参谋部的工作非常到位。同样，英国的后勤组织也非常高效，英国远征军的武器弹药十分充足，部队之间也无须大量的大炮调运，工业化的成效已经显现出来，不像1917年6月梅西讷战役时那样武器匮乏、运输不畅。现在英军完全可以在地区间迅速实现战场的转移。

从亚眠战役到签署停战协议这段时间里，协约国联军进行了一系列有限的战斗，当进攻势头开始减弱时就停止战斗，并迅速在战场的另外一个地方组织新的进攻。德军守卫部队承受了巨大的压力，为了确保有限的部队分散防守，不停地在各个战场来回奔波应对联军的进攻，以日渐稀少的资源防止防线崩溃。联军进攻采取适度推进策略，确保步兵在炮兵火力的掩护范围内，而且后勤保障可以跟上，避免出现德军在1918年初打进攻仗时所遭遇的那些问题。1918年8月底，福煦接受黑格的建议，扩大联军的进攻范围，把以前的有限进攻转变成各国部队协同一致、具有决定意义的大战役。福煦提出"人人投入战斗"的口号，集中体现了此次战役的新思想。[11]

亚眠战役之后，福煦指挥的军队向德军发动了一个接一个的攻击。8月20日，法约尔率领法军攻击了蒙迪迪耶–亚眠突出部的南部；曼金指挥的法军第10集团军在瓦兹河（River Oise）和埃纳河之间推进了8英里。8月21日，英军第3集团军实施了由远征军策划的、继亚眠战役后的进攻，很快英军第4集团军和第1集团军加入作战，把战线推进了40英里。一连串的进攻打得德军难以招架，8月26~27日夜里，德军开始放弃春季战事中夺取的地方往后撤退。8月27~29日，法军第1集团军和第3集团军进攻并占领了努瓦永（Noyon）；德军企图稳住其在索姆河沿岸的防线，结果遭到澳大利亚军队的各兵种协同攻击，澳军夺取了佩隆（Péronne）。[12]同样，德军另一个重要防守地区阿拉斯附近的德罗库尔–凯昂·斯威奇（Drocourt-Quéant Switch），也没能挡住联军的进攻：9月1日，加拿大军队突破防线，将德军逼退到诺尔运河（Canaldu Nord）和兴登堡防线。法约尔的法军猛攻撤退的德军，为战役锦上添花。

有两件事情迫使北边的德军放弃4月战役中付出极大代价夺得的地区：一是德军撤退到兴登堡防线；二是英军第5集团军在威廉·伯德伍德（William Birdwood）将军指挥下，于8月23日发起的进攻。9月6日德军开始撤退，联军紧追不舍，在9月12~26日，联军追上撤退的德军，英国远征军在阿夫兰库尔（Havrincourt）和艾佩伊（Epéhy）与德军作战，夺取了阵地，从这里就可以发起对兴登堡防线的进攻。自"百日攻势"开始以来，黑格的部队损失约18万人，但是与1916年和1917年不同，"百日攻势"有实实在在的收获：在一个40英里的前线上，他的部队推进了25英里。显然，到了1918年秋天，德军的整体实力已远不如前，协约国获胜的希望更大了。

1918年西线战局扭转的原因

　　1917年年底英军进攻、德军还击的康布雷战役表明，在当时，如果条件合适，进攻可以成功。战术的变化已不能保证防守方总是掌握优势。1918年，多数战役都是运动战，进攻一方有时可以推进多达40英里。战场形势的这种巨大变化，原因在于有效的现代战术的发展，这是"一战"最后一年中多种先进的军事技术用于战争的结果。大约在同一时期，随着协约国军队间相互交流作战经验，以及穿越无人区的影响，德军、法军和英军形成了"各兵种联合"的作战方法，将步兵同炮兵、坦克兵、空军以及工程师结合在一起，成为一个"武器系统"。此时的战斗，已经没有早年常见的步兵和炮兵各自分头作战的情况；步兵也不再像以前那样成排地往前冲，而是以小组为单位，英军称为"斑点"，他们手中的步枪、刺刀已经被轻机枪取代。更关键的是，炮击也更加精准。原始的无线电技术让这些"武器系统"之间联系密切。所有这些变化，加之分散指挥的理念，改善了部队指挥和控制方面的问题（虽然没有彻底解决）。另外，协约国军队的后勤设施也得到极大改进，譬如越来越多地使用机动车运输。与之相反，德军的后勤保

障却更加糟糕，不仅负责运输的部队力量不强，而且主要
依靠吃不饱的马拉车。其他一些局部因素，如防御部队力
量弱小、士兵士气低落、防御部署不当以及大雾天气等，
使协约国军队不仅可以攻入德军阵地，而且还能够突破防
守阵地。这种打破战线封锁的办法，使协约国军队在更高
层面的战略和战术中重新发挥作用，而这些战略和战术大
部分自1914年年底以来在西线就一直没有用过。

德军的接连损失也发挥了作用。1915～1917年的战争
使德军损失大量兵力，1918年德军的损失更加惨重，这些
都使负面影响进一步扩大。德军后方，国民饱受战争之苦，
德皇政权不再得到支持，政治所遭受的破坏极大地摧毁了
士兵的斗志和部队的凝聚力。此外，1918年下半年，协约
国军队的作战方法、战术技巧以及大英帝国军队必胜的信
心等都明显胜于德军。大量斗志昂扬的美军参战，极大地
鼓舞了联军的士气，打击了德军的士气。所有这些因素，
合力造成德军在1918年7～11月一系列的惨败，直到德国政
府请求讲和为止。[13]

大进攻

英军向兴登堡防线发起进攻，部分是福煦的主张，同时也
受到了黑格的影响。黑格认为"大进攻"可以给德军施加最大的

压力。协约国联军连续4天沿兴登堡防线不断发起一系列进攻：9月26日，法军和美军联合，首先向默兹-阿尔贡地区（Meuse-Argonne）发起进攻；第二天，英军第1集团军和第3集团军进攻康布雷地区；9月28日，由金·阿尔伯特（King Albert）指挥的比利时集团军——包括多个法军师和普卢默的英军第2集团军，开始突破伊普尔突出地带；最后，英军第4集团军和法军第1集团军攻打圣康坦地区（St Quentin）。

图5-3　老式与现代的后勤保障：马队把法国卡车从泥泞中拖拽出来

　　美军的及时增援受到联军的热烈欢迎，但是大量美军士兵到达法国也使战场指挥变得复杂起来。美军欧洲战场的最高指挥官约翰·J.潘兴（John J. Pershing）将军坚持认为，为了符合美国的国家利益，他的部队要尽可能地统一编制，组成一支统一的美军作战。他同意让美军跟随协约国联军部队参加训练以获得作战经验，但是拒绝法军和英军提出的美军要永久接受联军指挥的要求，这在协约国部队的高层将领中造成了极度的紧张气氛。

9月初，潘兴决定率领美军第1集团军攻打凡尔登附近的圣米耶勒（St Mihiel Salient）突出部，以此作为进攻梅兹（Metz）的前期准备。福煦和黑格立刻表示反对，他们认为美军向西北发起进攻意义更大，因为那是一系列重点攻击的一部分。然而，圣米耶勒突出部的进攻还是于9月12日打响，美军在法军几个师的增援下，将德军赶出了该区域，潘兴指挥该战役获得胜利。由于事前与福煦谈妥了条件，战斗结束后潘兴将美军调往默兹–阿尔贡地区，60英里的转移路程使美军后勤补给十分吃力，但后勤还是支撑美军参与到"大进攻"之中。

　　1918年9月26日，当美军第1集团军和法军第4集团军的进攻从默兹河延伸到阿尔贡森林区域的防线时，他们碰到了异常牢固的防御地带，纵深达12英里。这里由马克斯·冯·加尔维茨（Max von Gallwitz）和德国皇太子指挥的德军集团军群防守。法军第4集团军4天推进了9英里，但被德军挡住。潘兴的美军向默兹河岸高地推进了5英里，可是在进攻阿尔贡时却遇到杂草丛生、灌木缠绕的地带，仅仅前进了2英里。事实证明，缺乏经验让美军吃了大亏，同样，潘兴忽视法军和英军在过去几年中付出惨痛代价所积累的经验教训，也让美军付出了代价。他认为战场获胜的关键在于步兵的枪，而不是迅猛的炮火，这种思想导致许多士兵死于战场。在战场上，美军迅速积累经验，至战争结束时，已经成为一支能征善战的军队。10月12日，美军组建第2集团军，罗伯特·L.布拉德（Robert L. Bullard）将军出任指挥官，潘兴荣升为美军集团军群司令。第1集团军由亨特·利格特（Hunter Liggett）将军接替指挥，他给第1集团军带来了显著变化，[14]他对部队进行了改组，更多地依照英法联军的作战方法指挥战斗，取得了更大的胜利。

图5-4　约翰·J. 潘兴将军

（1917～1919年任美国远征军总司令）

美军第二阶段的进攻于10月4日开始，正面进攻持续了4周且代价巨大，最后负隅的德军逐渐放弃了抵抗，至10月31日，追击德军的美军和法军分别推进了10英里和20英里。11月1日，进攻再次打响，到停战时，美军和法军继续推进了21英里，直接威胁到色当（Sedan）的重要铁路枢纽。此次战役是美军参战以来投入兵力最多的战役，美军损失达到11.7万人（包括阵亡、受伤和失踪人员）；法军的损失大约是7万人；德军的损失在9万~12万人。潘兴没有取得他想要的那种干净利索的决定性胜利，但是默兹–阿尔贡的拉锯战在打垮德军方面起到了重要作用。更重要的是，协约国军队有如此巨大而又充满活力的增援部队，给德军最高指挥部和前线士兵造成了极大的心理打击，因此就德方来说，他们已经输掉了战争。[15]

　　在南部战线出现僵持的时候，英军远征军于9月27日向康布雷发起进攻。在英军第3集团军做侧翼的保护下，英军第1集团军的加拿大兵团突破了诺尔运河牢固的防线，该防线有三道堑壕体系。德军在南部和中部防线都遭遇到打击之后，它的北部防线也将受到攻击。9月28日，金·阿尔伯特率领的佛兰德集团军一天之内就穿越了1917年伊普尔东部的战场，到9月30日，帕斯尚尔和梅西讷山脊又一次被联军夺回。没过多久，由于后勤补给被切断，进攻被迫停止两周，但是佛兰德集团军的胜利很快迫使德军放弃了比利时海岸，这样英国实现了其战争的主要目标之一。

　　"大进攻"最后的行动始于1918年9月29日，莫纳什的澳大利亚兵团（隶属于英军第4集团军），受其指挥的还有美军第2集团军，进攻了离圣康坦不远兴登堡防线的北利库尔（Bellicourt）地段。圣康坦运河由此地进入隧道，有德军重兵防守，但罗林森和莫纳什推断，攻打这个地方比攻打开阔的运河地带更容易一些，于是准备组织炮火轰炸后发起进攻。然而，稍南边一点，由中将瓦尔特·布雷思韦特（Walter Braithwaite）爵士率领的很不起眼的英军第9集团军第46师（米德兰北边）取得了意外收获，他们利用大量的炮火在一阵短暂而猛烈的轰击下，攻下了开阔的运河防守地带。第137旅的步兵侦察兵突袭并占领了位于里克瓦尔（Ricqueval）的一座小桥，这成为战役的转折点，第137旅是斯塔福德郡的地方自卫队，他们穿着从英吉利海峡渡轮上拿来的救生圈渡过运河。第46师摧毁了兴登堡防线，并且打破了澳大利亚兵团战线的僵局。德军失去了最后一道主要防线，随之也丧失了阻挡强敌进攻的机会。在英国远征军的大部分战线上，德军开始撤退。

虽然还有硬仗要打，但是战争越来越接近尾声。英国远征军于10月9日占领了康布雷；罗林森的第4集团军，包括美军第2集团军，于10月17日在塞莱河（Selle）取得了重大胜利；法军第5集团军和第10集团军乘着敌人撤向下一个防守阵地之际长驱直入。有些地方，譬如英军第5集团军战场，德军撤退之快让英军都望尘莫及。但是，另外一些地方，德军依然负隅抵抗。10月英国远征军前进20英里，损失12万人。11月1~2日，加拿大军队夺取了瓦朗谢讷（Valenciennes）。11月4日，英国远征军于"一战"中的最后一次大规模进攻——桑布尔河战役（Battle of Sambre）打响。对英军第3集团军、第4集团军和法军第1集团军来说，桑布尔河战役是艰苦的，但是此仗打得很成功，大量德军缴械投降，而且德军被迫撤出了另一个牢固的防守阵地。德国最高指挥部对战争结果所抱的幻想都已破灭，后方也随之崩溃，德国的盟友奥匈帝国、奥斯曼帝国、保加利亚退出战争，前线战场的德军士兵纷纷缴械投降，战争结束的日子终于到来。就是否继续打击和破坏德军力量以及是否进攻德国的问题，联军内部发生了争执。面对不断增加的后勤补给问题，用黑格的话来说，联军如果打下去会遭遇拼死抵抗，担心是一场"生死较量"，甚至像俄国那样的革命可能会延伸到德国境内，于是联军接受了德国的停战请求。[16]

在这一场夺取最后胜利的大进攻中，联军遭受的损失大约为107万人（包括阵亡、受伤和失踪人数），德军阵亡和受伤人数约78.58万人，另外德军还有约38.64万人被俘。停战协议于1918年11月11日上午11点开始生效。战场上德军遭遇一系列惨败，最终被迫投降。

"一战"后期的重要指挥官

道格拉斯·黑格

陆军元帅道格拉斯·黑格爵士（1861～1928），1915年12月至1919年4月任"一战"西部战线（法国和佛兰德地区）英国远征军总司令，是英国历史上最具争议的人物之一。他在1916～1917年间指挥的消耗战，使其获得"无情屠夫"绰号，不过现代学者在很大程度上摒弃了这种贬义的说法。[17]黑格出生于苏格兰一个富有的酿酒商家庭，在桑赫斯特皇家军事学院学习时出类拔萃，他在职业生涯初期，是公认的一名极有前途的军官。在1898年苏丹战役和第二次布尔战争（1899～1902）中，黑格展露出非凡的军事才能，并一举成名。随后10年，他一直在关键岗位上担任管理工作，对部队改革做了重要贡献，譬如组织编写了

1914～1918年英军使用的《野战勤务条例》(*Field Service Regulations*)；积极协助自由派的英国陆军大臣理查德·伯顿霍尔丹（Richard Burdon Haldane）进行军事改革，创建英国远征军和地方自卫队。

　　1914年，黑格在法国和比利时指挥英国远征军第1军，并在第一次伊普尔战役中声名鹊起，1915年统率英军第1集团军。1915年12月17日，原英国陆军元帅约翰·弗伦奇爵士因为卢斯战役引起的政治风波而被撤职，黑格接替其职位指挥英国远征军。1916年7～11月，他把大量可用的部队投入拉锯式的索姆河战役。他采取进攻突破与阵地防守相结合的战术，一直使用到1917年。接着发起阿拉斯战役和第三次伊普尔战役（帕斯尚尔战役），造成联军巨大的人员伤亡和物资损失。黑格最辉煌的时刻，是在德军春季大攻势之后联军展开迈向胜利的"百日攻势"期间（1918年8～11月）。作为总司令，黑格远不仅仅是战场上的指挥官，他还积极参与许多其他事务，如士兵训练和后勤保障工作等。1919年，道格拉斯·黑格被封为伯爵，1921年结束了军旅生涯。此后，他为英国退伍老兵做了大量工作，是英国退伍军人协会颇受爱戴的会长，于1928年去世。他是全英国人民心中的英雄。

费迪南·福煦

　　费迪南·福煦元帅（1851～1929），出生于上比利牛斯省的塔布市，在普法战争中，作为炮兵专家崭露头角。

1907～1911年，任法国高等军事学院院长。他的演讲和出版物对法军的影响很大，促进了"崇尚攻击战"思想的形成。在第一次世界大战爆发时，他担任第20军军长，在边境战役中（1914年8～9月）成功阻止了德军在南锡的进攻。之后福煦被任命为法军第9集团军司令，在至关重要的第一次马恩河战役中发挥了关键性作用。1914年10～11月，第一次伊普尔战役期间，他负责协调协约国军队。1915年各攻势期间，福煦指挥了法军北方集团军群，并在1916年的索姆河战役中发挥了重要作用。1916年年底，他离开军队休假，在此期间他对自己的战争思想进行了透彻的思考。

1917年5月，福煦被新上任的法军总司令贝当召回军队，出任法军总参谋长。1918年3月，福煦成为协约国军队最高指挥官（总司令）的不二人选，最重要的原因是黑格信任他。他之所以没有当法军总司令，是因为贝当占据着那个位置。福煦拒绝成为党派利益的代言人，正是这一点，加之他卓越的外交和军事才能，使他成为1918年西部战线协约国军队的杰出协调者。从军事角度上讲，人们普遍认可的是他带领协约国军队在1918年取得了第一次世界大战的胜利。随着福煦逐渐淡出人们的记忆，在英语国家他不再受到追捧，但是近年来历史学家又展开了对他的研究，肯定了他的历史功绩。

保罗·冯·兴登堡，埃里希·鲁登道夫

德军指挥官兴登堡陆军元帅（1847～1934）和鲁登道夫

将军（1865～1937），因为在第一次世界大战初期与俄军作战而在国内声名鹊起。1916年法金汉战略失败，兴登堡坐上了德军总参谋长的位置，鲁登道夫出任第一任军需总监。兴登堡曾于1911年退役，但是1914年又被召回重新上任。鲁登道夫相对来说原本是一名不起眼的参谋部军官，但由于他在1914年8月夺取比利时要塞列日时发挥的作用而引人瞩目。俄军入侵东普鲁士引发危机期间，兴登堡和鲁登道夫率领部队前往东部战线攻打俄军，1914～1915年取得了一系列战役的胜利——坦嫩贝格战役、马苏里亚恩湖战役以及戈尔利采—塔尔努夫战役，这些战役使他们一举成名。兴登堡受到公众极大的追捧（与他享有同样名气的是英国的基奇纳），行使着名义上的总司令的职权，鲁登道夫实际制订作战计划，做出指挥决定。1916年，兴登堡与鲁登道夫取代法金汉接掌了德国最高军事指挥权，而且几乎成了名义上的德国政府，建立起"无声的独裁专制"（Silent Dictatorship）。但是，旨在调动德国经济和社会的"兴登堡计划"，结果却破坏了国家的凝聚力，对德国而言是一场大灾难。1917年更大程度上的失败出现了，兴登堡冒险恢复无限制潜艇战，本想在西线夺取决定性胜利，结果却葬送强大军队的优势，导致毁灭性大败。1918年秋天，眼睁睁地看着自己的军队被——打败，鲁登道夫精神崩溃，于10月26日辞职，结束了与兴登堡的合作，威廉·格罗纳（Wilhelm Gröner）将军接替他的职务。对德国所发生的这些事情，凡是头脑冷静的人都会做出这样的评判：兴登堡和鲁登道夫的权力集团给德国带来了灾难。

在第一次世界大战中，虽然德国战败了，但兴登堡的名望还在，尽管他是一名坚定的君主主义者，却出任了德意志共和国（魏玛共和国）总统。1934年，兴登堡在办公室去世，接替他的是总理阿道夫·希特勒。希特勒将总统和总理这两个职位统一在"元首"名下。鲁登道夫是一名激进的民族主义者，他的全面战争观点是纳粹党思想的原型，因此将他与希特勒联系起来也毫不足奇。1923年，鲁登道夫参加了慕尼黑啤酒馆政变，不过失败了。

意大利和巴尔干半岛战线

奥匈帝国的军队被民族分裂所困扰，1918年6月15日，奥军又发动了一次大规模的进攻。进攻第一阶段进展顺利，奥军前进了5英里，给皮亚韦河的意大利守军造成了一些压力。迪亚兹在英军和法军的支持下，发起反击重新夺回失地，战斗中歼灭奥军14.3万人。这次进攻的失败，对奥军造成了严重的心理打击，事后康拉德遭到罢免。受到英法联军的影响，同时考虑到提高意大利在战争结束后和平谈判中的筹码，迪亚兹将前一年卡波雷托灾难后的部队进行了重组和武器配备，准备1918年秋季向皮亚韦河北面的奥匈帝国军队阵地发起最后一次进攻。

维托里奥·维内托战役（Battle of Vittorio Venito）是"一战"中意大利境内最激烈的战役。战场右翼有5支部队，包括法军、英军和美军，承担攻打博罗耶维奇（Borojević）率领的奥军第5集团军和第6集团军的任务；战场左翼，意大利第1集团军和第6集团军负责压制查尔斯大公所在的特伦蒂诺防线上的部队。10月中旬，迪亚兹已经集合了56个师的兵力，配备了7700门大炮，对方是55个相对较弱的师，配备6000门大炮。这次大战于卡波雷托灾难1周年之时——10月24日打响。这次进攻直指敌方集团军的中枢，意大利第4集团军迫使奥军从皮亚韦河下游调集后备部队。敌方中枢被摧毁，迪亚兹于3天后的10月27日发起主攻，28日缓慢的进攻变成大突破，横跨皮亚韦河上的三个桥头堡被占领，连成了一线，意军的进攻沿这条线果断推进。此战役英军和法军做出了卓越的贡献，实际上，意大利第10集团军由英军将军卡文（Cavan）勋爵指挥，第12集团军由法国人琼·格拉齐亚尼（Jean Graziani）将军指挥。这次对奥匈帝国的打击是致命的，从特伦蒂诺到亚得里亚海的防线崩溃。意大利骑兵和装甲车乘胜追击逃跑敌军，迫使其全部缴械投降，俘虏奥军大约50万人。意军损失3.8万人（包括阵亡、受伤和失踪人数）。11月3日，双方在维拉朱斯蒂（Villa Giusti）签署停战协定，意大利战场的苦战结束。

1918年9月15日，萨洛尼卡战场的僵局戏剧性地被打破。协约国的萨洛尼卡军队由一位强悍的新帅——法军将领弗朗彻·德斯佩雷（Franchet d'Esperey）（英国人称其为"玩命的法国人"）率领，开始向瓦尔达尔（Vardar）发起进攻，突破了山中保加利亚军队的防线，向前推进了40英里。擅长山地作战的塞尔维亚军加入了进攻，他们誓死要夺回自己的家乡，另外法军也起到了重要作用。这次突破迫使保加利亚军队于9月30日投降，此时保加利亚国内已经是民怨沸腾。协约国部队继续前进，穿越马其顿腹地去收复塞尔维亚，然后穿越多瑙河为直逼匈牙利做准备，但是，这时停战协议达成，战事结束。

奥斯曼帝国战线

1918年10月，英军的一次大进攻重新点燃了美索不达米亚战火，此战的最终目的是要夺取奥斯曼帝国占有的北方诸省，尤其是摩苏尔周围大量的石油储备地区。军事行动由一系列正面和侧翼的进攻展开，一直持续到10月29日失去斗志的守军投降为止。俄军崩溃后，英军与同盟国之间为波斯以及巴库周边的油田展开争夺。

汉志地区的阿拉伯部落中如火如荼的革命运动，极大地分散了奥斯曼帝国军队在中东地区的注意力，也因此间接帮助了英军在巴勒斯坦的攻击行动。阿拉伯游击队实行"打了就跑"的经典战术，尤其是针对铁路线，他们破坏了奥斯曼帝国部队的供给线，牵制了大量奥斯曼帝国部队。游击队中一位主要领导人是麦加谢里夫（Sherif of Mecca）之子，即费萨尔·伊本·侯赛因（Feisal ibn Hussein）王子。费萨尔是一位能干的游击队领导人，在团结各部落中起着主要作用，得到了陆军上校T.E. 劳伦斯

（T.E. Lawrence）的协助。"一战"前劳伦斯在中东做考古工作，1914年成为英国政府的临时军官，作为情报官被派往开罗工作，1916年10月开始与费萨尔联络。劳伦斯是一个神秘人物，他强烈认同阿拉伯文化和政治思想。

美国记者洛威尔·托马斯（Lowell Thomas）描绘"阿拉伯的劳伦斯"是"单调乏味的战争中一位迷人的人物"。劳伦斯在他的战后作品中将自己塑造为游击战大师，运用对阿拉伯人和阿拉伯文化的理解和同情，建立了一支非常出色的非正规军。有人认为劳伦斯夸大了自己的作用，实际上这些功劳应该归功于费萨尔。[18]

西部战线之外的空战

战略轰炸——袭击不直接与战场关联的目标，在"一战"早期已经开始出现。1914年9月，英国皇家海军的空军部队的飞机袭击了德国的"齐柏林飞艇"机库。不过，德国首先以平民为轰炸目标，1915年1月19日，两艘德国海军的"齐柏林飞艇"飞越北海，轰炸英国的大雅茅斯（Great Yarmouth）和金斯林（king's lynn），造成5人死亡，大量房屋被毁，引起英国的极大愤慨。1915年5月起，"齐柏林飞艇"断断续续对英国进行轰炸，一直持续到1918年8月，共计造成556名平民死亡。使用"齐柏林飞艇"的成本是非常昂贵的，按照1914年的价格，造34架德国飞机的钱只够造一艘飞艇，而且基本上只能在没有敌人对抗时才能使用。随着防空武器的发展，飞艇非常容易受到攻击。1916年9月，英国皇家飞行大队队长威廉·里夫·罗宾逊（William Leefe Robinson）成为第一位击落"齐柏林飞艇"的英国飞行员，并因此被授予维多利亚十字勋章。

"一战"后半期，德国袭击英国本土目标的主力已不是"齐柏林飞艇"，取而代之的是"重于空气"的飞机。1917年，德国恢复无限制潜艇战，加大了空中轰炸的力度。德军最高指挥部作战计划的宗旨就是"破坏英格兰东南部的战时工业生产、交通运输和物资供应，进而摧毁岛屿的（英国的）作战意志"。[19]这一计划于1917年5月开始执行。德国此次计划野心勃勃，已经远远超出了当时可以使用的飞行器的承受能力，譬如"齐柏林飞艇""戈塔Ⅳ型"（Gotha Ⅳ）飞机以及巨型"斯塔肯R6型"（Staaken R6）飞机等。尽管按照1917年的标准来看，"斯塔肯R6型"飞机已经非常先进了，但仍然不能完成任务。由于英国防空能力的提高，执行轰炸任务的飞机遭受了巨大损失。

但是，德国这种作战方式仍然具有重大意义。首先，利用空中力量不仅可以实现战术（战场上）目标，而且可以实现更高层面的战略目标；其次，确实可以获得一定程度上的成功。6月13日白天，德国14架"戈塔型"飞机在伦敦实施轰炸，造成162名平民死亡。如果按照第二次世界大战的标准来看，这一数字很小，但在英国国内引起了恐慌，并让英国人重新思考如何使用空中力量，此事促使英国1918年4月组建了"皇家空军"。这是世界上第一支独立于陆军和海军之外的空军部队。人们每每想起"一战"里德军"戈塔型"飞机造成的"戈塔夏季"，就会对未来战争可能发生的事情感到恐惧。1932年，英国资深政治家斯坦利·鲍德温（Stanley Baldwin）做了形象的描述，说"脑子里总有轰炸机飞来飞去"。对轰炸的担心，实际上是一种夸大了的恐慌，对走向第二次世界大战时的英国政治、战略以及大众文化都产生了重要影响。

对德国1917年实施的空袭，英国出动飞机轰炸德国的空军基地予以还击。[20]1918年，"英国皇家空军"成立，并组织了战略轰炸。和德国的战略轰炸一样，英国野心勃勃的战略轰炸基本不考虑道义上的限制，这预示着第二次世界大战中的战略轰炸将对准非军事目标。1918年9月，正当英国空军委员会平民总裁威廉·韦尔（William Weir）爵士叫嚷"对德国城镇进行猛烈轰炸，因为德国人害怕血洗"之时，历史学家乔治·威廉姆斯（George Williams）却说"持续的远程日间轰炸显然是不可能实现的目标"。[21]没有哪一个国家具有足够的能力，运用空中力量，对敌国的基础设施和大众的斗志造成实质性的破坏。

在海上，飞行器的作用也至关重要。飞艇比普通飞机有更持久的飞行能力，在战斗机到达不了的地方进行海上侦察，效果尤其明显。正如"齐柏林飞艇"用来打击地面目标遭遇到的情况一样，飞艇受气候条件制约的程度比普通飞机更大，譬如1916年的日德兰海战期间，由于天气条件恶劣，执行侦察任务的"齐柏林飞艇"无法将搜集到的重要情报发送给德国公海舰队。英国在利用飞艇和飞机执行反潜任务中都取得了一些成功。虽然从空中成功击中U型潜艇的可能性几乎为零，但是如果护航队有飞机保驾，德军潜艇因为担心被发现就不敢靠近到鱼雷的射程之内。飞机当然不能成为潜艇的有效杀手，但是飞机可以提醒海军护航队敌军潜艇的存在。[22]

飞机的活动区域主要在欧洲西部战线，但是其他战场也广泛地使用飞机。在东部战线，由于俄国缺少飞机和受过训练的机组人员，德军有明显优势。奥匈帝国军队的情况与俄军类似。1918年，意大利对奥匈帝国实施了持续的战略轰炸，但由于规模太小，而且对当时的战争来说时间也太晚，所以对战局影响不大。意大利飞行员朱利奥·杜黑特（Guilio Douhet）参与了这一轰炸，这段经历使他受到启发。杜黑特是两次世界大战期间非常有影响的战略轰炸倡导者，他说："在1915~1918年，每一次空袭都能达到目标。"[23]

如果要知道一方取得制空权后会发生什么，那就看看巴勒斯坦战区吧。1918年夏季，英国和澳大利亚空军因为比对手奥斯曼帝国和德国的空军有空中优势，赢得了一场战役。同盟国空军的空中侦察行动根本无法开展，结果该战区总司令利曼·冯·桑德斯（Liman von Sanders）实际上成了"瞎子"。1918年9月的美吉多战役（Battle of Megiddo），艾伦比指挥的协约国军队获得了制空权，而且不停地利用这一优势。在协约国军队进攻之前，奥斯曼帝国军队就开始撤退，英国的"布里斯托尔"战斗机、"S.E. 5as"型战斗机和"D.H. 9s"型战斗机向正在撤退的奥斯曼帝国军队实施轰炸并用机枪扫射，造成了毁灭性的后果。利曼记录了当时的情况："低空飞行的英国轰炸机每隔半小时投一次炸弹，公路上到处是被炸死的士兵和马匹，还有被炸得粉碎的车辆残骸。"英国和澳大利亚的飞机一直打到奥军的后方部队，把原来的一场败仗转变成了决定性的胜利。[24]

对中东奥斯曼帝国部队实施主要打击的是埃德蒙·艾伦比的部队。1917年年末，英军希望主要进攻奥斯曼帝国。由于德军春季攻势，艾伦比的部队不得不抽调6万人去法国，于是艾伦比接收印度军队作为兵力补充，但是印度军队直到1918年9月才做好上战场主攻的准备。艾伦比指挥得非常巧妙，他给对手设置陷阱（包括利用假马匹和假马道），让奥斯曼帝国部队指挥官利曼相信英军的进攻重点将从陆地发起，实际上艾伦比的英军却从海岸发起进攻。运用类似西线成功使用的战术，在两个步兵团发起进攻前进行有效炮击，突如其来的炮击使敌人大为震惊，进攻的效果比预想得更好。艾伦比的部队很快突破奥斯曼帝国军的防线，骑兵和装甲车从突破口飞驰而过冲在前面，皇家空军飞机从空中向撤退的奥斯曼帝国军队进行攻击，阿拉伯非正规军从道路两侧对撤退的奥斯曼帝国军队进行骚扰。美吉多战役摧毁了在巴勒斯坦的奥斯曼帝国军队，协约国军队在费萨尔和劳伦斯的阿拉伯游击队配合下，后来又发起进攻并于10月1日夺取了大马士革，10月2日攻占了贝鲁特，继而向阿勒颇海岸推进了约200英里。10月25日，由穆斯塔法·凯末尔领导的奥斯曼帝国军队在此与英军交战，成功阻止了英军的挺进。5天后，奥斯曼帝国同意停战，奥斯曼帝国战场的战斗结束。

全面战争

A
SHORT HISTORY OF
THE FIRST
WORLD WAR

第一次世界大战是历史上截至当时最"全面"的战争。提到"全面"这个词，人们会有不同的理解，这里所说的全面战争指一个国家动用其包括人力、经济和技术等全部资源投入战争之中，其主要特点是极其残酷和遥遥无期。第一次世界大战就是"全面战争的定义和样板"。[1]在加入这场战争时，所有参战国都不知道"全面战争"为何物。"全面战争"的术语和实践，都是在1914~1918年间出现的。

伤亡情况

第一次世界大战造成的总伤亡人数，从某种角度来说只能是估计。很多地方记录得不够详细，因此伤亡的数字包括意外死亡的数字，都是不准确的。

但是，有权威机构给出了这些数字，见表1。表2是对大英帝国军队伤亡数字的进一步细分。

表1　第一次世界大战总参战人员伤亡情况[2]

国家和人口数（百万）	参战人数（百万）	死亡人数（百万）	受伤人数（百万）	失踪/被俘人数（百万）	合计人员损失（百万）	人员损失占参战人数（%）
协约国						
俄国（167）	15.8	1.8	4.9	2.5	9.2	59
法兰西帝国（39.5）	7.8	1.3	4.2	50（万）	6	78
大英帝国（400）	8.9	90（万）	2	19（万）	3.1	36
意大利（35）	5.6	58（万）	95（万）	60（万）	2.1	38
美国（92）	4.3	11.4（万）	23.5（万）	0.45（万）	35.25（万）	8
罗马尼亚（7.5）	1	25（万）	12（万）	8（万）	45（万）	45
塞尔维亚（5）	75（万）	28（万）	13.5（万）	1.6（万）	43.1（万）	57
比利时（7.5）	36.5（万）	3.9（万）	4.5（万）	3.5（万）	11.9（万）	32
同盟国						
德国（67）	13.2	2	4.2	1.1	7.3	56
奥匈帝国（50）	9	1.1	3.6	2.2	7	77
奥斯曼帝国（21）	3	80（万）	40（万）	25（万）	1.5	50
保加利亚（5.5）	4（万）	8.75（万）	15.2（万）	2.7（万）	26.7（万）	67

表2　第一次世界大战中大英帝国军队参战人员伤亡情况[5]

国家和人口数（百万）	参战人数	伤亡损失人数	战亡人数	总人口中每千人战亡人数	参战军队中每千人死亡人数
大不列颠及爱尔兰联合王国（46.5）*	6147000	2535400	723000	16	118
加拿大（7.5）	629000	210100	61000	8	97
澳大利亚（5）	413000	215600	60000	12	145
新西兰（1）	129000	58526	16697	15	124

续表2

国家和人口数 （百万）	参战 人数	伤亡损 失人数	战亡 人数	总人口中每千 人战亡人数	参战军队中每 千人死亡人数
南非（6）**	136000	21000***	7000****	1	51
印度（316）	953000	140000	54000	0	57

*约有21万爱尔兰人加入了英国军队，其中大约死亡3.5万人。引自基思·杰弗里（Keith Jeffery），《爱尔兰与第一次世界大战》（*Ireland and the Great War*），剑桥：剑桥大学出版社，2000年，第35页。

**只包括白人。

***经常被引用但是来源不明的数据为1.8万人。

****另一个数据来源表明"大约1.25万"南非人死亡——可能包括非白种人。比尔·内森（Bill Nasson），《索姆河上的跳羚：1914～1918，第一次世界大战中的南非军队》（*Springboks on the Somme：South Africa in the Great War 1914～1918*），约翰内斯堡：企鹅出版社，2007年，第244页。

将表1里没有包括的一些小国也算上，协约国共动用军队4600万人，其中阵亡539万人，受伤1280万人，失踪或者被俘400万人。因此，协约国军队损失总计约为2220万人，即参战军队人数的46%。相应地，同盟国动用军队2600万人，阵亡400万人，受伤850万人，失踪或被俘360万人，总战斗力损失为1600万人。所有参战国加在一起为：参战军队人数7150万人，阵亡950万人，受伤2120万人，失踪或者被俘760万人，总计损失3820万人，占参战军队人数的53%。英军阵亡人数占其参战人数的比例为12%，[3]德军和法军相应的比例分别为15%和16%。[4]

平民和军人都可能成为战争的牺牲品。平民死亡人数比军人死亡人数更难估计。除去因"1918年流感大流行"死亡的人数，人们普遍认可的平民死亡数字是650万。[6]这个数字包括因敌人的行动而死亡的平民，加上相应的比和平时期死亡人数多出来的差额。俄国平民死亡200万人，德国平民死亡大约47.85万人，塞尔维亚平民死亡大约60万人，奥匈帝国平民死亡大约46.7万人，意大利平民死亡60万人，罗马尼亚平民死亡约40万人，保加利亚平民死亡27.5万人，可见老百姓付出了多么大的牺牲！[7]

这些数字尽管可怕，但是还不能反映出战争给人们带来的深深痛苦。这些数字没有反映出下列情况：战俘们遭受的残忍虐待（尤其是西部战线之外的战俘），战争结束后因战争相关的原因死亡的个人，患有战后创伤压力症的人，战争造成的孤儿、鳏寡和没来得及结婚就失去未婚夫的女人们，等等。

深入挖掘一下这些数据就会发现：有两个小国，如果考虑其人口规模，他们的伤亡损失相当惊人。一是塞尔维亚，它的总人口只有500万人，伤亡高达43.1万人，占军人总数的57%；二是新西兰，总人口只有100多万人，伤亡竟高达约5.85万人。如果加上新西兰后方死亡的军人和1923年前死于战争相关的疾病的人，那么，表2中新西兰死亡的人数就会上升到约1.81万人。[8]这些对新西兰统计数字的注解表明，其他参战国的表内死亡数字远没有反映出真实情况。

西部战线之外的其他战线死亡之惨重，着实令人深思。历史学家杰·温特（Jay Winter）说过，总的来说，"在欧洲和奥斯曼帝国战区，越往东走，伤亡率越高"，部分原因是"那里的战争更长，相关的战斗拖得更久"。从所有参战部队看，大约70%的伤亡者年龄介于20~24岁。大多数伤亡者来自农民家庭（英国除外）。但是，很显然来自比较高的社会阶层的军官，伤亡的概率更大些。在英国，社会精英阶层的伤亡率极其高，所有参战人员的伤亡率为12%，但是，1914年50岁以下的贵族和贵族子嗣们的伤亡率却接近19%。[9]这反映出贵族阶层在部队里伤亡程度较高，绝大多数都是军官，同时也反映出战场上的团级军官真正是身在一线。

　　以前的战争可能也很血腥，一个极端的例子就是阿尔布埃拉战役（Battle of Albuera，1811年5月16日），当时英军的伤亡率为39%，法军的伤亡率为26%。但是第一次世界大战是"大规模的杀戮"。第一次世界大战的动员能力和参战兵力规模史无前例；高度工业化的社会制造出杀伤力极大的武器；战场扩大；战斗时间延长，不是原来的几天而是几个月。[10]但从某些方面来说，第一次世界大战是截至当时仅有的全面战争。第二次世界大战中，平民伤亡人数达3000万人，与之相比，第一次世界大战要低很多。其原因是：首先，在第一次世界大战中，西部战线处于相对有限的区域内，避免了多数带卫星城市的大城市成为战场（而第二次世界大战并非如此）；其次，第一次世界大战时，飞机比较原始，按照第二次世界大战的标准看，那时的空袭较为低效，尽管空袭造成的死亡和建筑物的损坏数量让人震惊。"一战"期间，在德军空袭中丧生的英国平民为1239人；在英法联军的空袭中丧生的德国平民为746人。可是在"二战"期间，相应的数字为，英国平民6.05万人丧生，德国平民35.3万人丧生。[11]除上述原因外还有一点，攻击平民的意愿也体现在，德国公海舰队炮击英国海岸城镇和1918年德军用超级重炮轰炸巴黎，正是这一点构成了全面战争的一个方面，也注定第二次世界大战将是更残酷、更极端的全面战争。从1915年4月起，奥斯曼帝国军队针对亚美尼亚人的屠杀也说明了这一点，屠杀造成有大约100万人丧生。[12]

　　有一件事非常重要，那就是，1918年爆发了全球性的大流感，一直持续到1920年。最初的几个病例是在美军的兵营里发现的，1918年2月在西班牙确诊。大流感很快扩展到全世界。初期的流感菌株，虽然令人讨厌，但是不太致命，可是1918年秋初开始的第二场流感的菌株，杀死的人比战场上阵亡的人还要多（1919年出现第三菌株）。当时，死于全球大流感的人估计为3000万人，实际上可能高达1亿人。多数死者是亚洲人，尤其是印度人。在美国陆军和海军中，有记录的流感病例大约为73万例，死亡率为7.2%。[13]

全球大流感当然不是战争引起的，营养不良也不是大流感第二菌株恶行昭彰的罪魁祸首（营养良好、健康的人和穷人的感染与死亡速度是一样的），但是大流感的突然暴发无疑加剧了战争的压力。死于这场大流感的不仅有老人也有年轻人，不仅有病人也有健康人。20~40岁的成年人特别容易感染流感，而兵营里大量年轻人聚集到一起，流感易于传播，加剧了流感的影响。流感波及所有的军队，其中德军受影响最大。1918年8月8日的亚眠战役，德军的师团已经兵源不足，因为在春季和夏季的惨烈战事中，他们遭受了严重损失，无法得到补充。流感对德军的打击比"百日攻势"对德军的打击严重得多。

难民和暴行

全面战争的第一批受害者，当数在敌军来临前逃亡的平民百姓。在拿破仑战争期间，俄军入侵东普鲁士时，哥萨克骑兵的残忍在民间故事里多有流传，因此当1914年8月俄军又一次跨过边境时，百姓的惊慌程度可想而知。俄军杀死的老百姓大约有100人。1914年，估计有68.4万法国难民和100万比利时难民在逃避德军的进攻，大部分法国难民被临时安置到法国的非占领区。与此同时，有25万比利时难民来到不列颠群岛，这是英国历史上最大的一次难民涌入。著名小说家阿加莎·克里斯蒂（Agatha Christie）在小说里虚构的比利时侦探赫尔克里·波洛（Hercule Poirot），最初就是以难民的身份来到英国的。[14]一群比利时难民在北安普敦下了火车，遇到了"好心的大妈们，她们在火车站准备好了热气腾腾的咖啡、馒头和甜食"。难民们来到英国中部，"把他们沦丧国土上的悲剧也带到了这里"。[15]事情常常是这样的，随着时间的流逝，在新来者和老居民之间会产生紧张气氛。奥匈帝国对塞尔维亚的入侵，造成了难民危机，但是后来同盟国在1915年占领塞尔维亚时造成的难民危机更大。塞尔维亚难民有军人也有平民，加上2万名奥匈帝国的战俘，在冬天翻过阿尔巴尼亚的阿尔卑斯山到达亚得里亚海，在那里他们被疏散到科夫岛（Corfu），而途中就有14万难民死去。[16]

1914年，奥匈帝国对塞尔维亚的入侵就伴随着对平民的暴行，有3500到4000人被杀，有可能塞尔维亚人也犯了战争罪。[17]西部战线的情况更糟糕，德军在入侵法国和比利时的时候所犯的暴行，很快就传开了，而且不断被添油加醋。这次战争后，神父被用来做人肉钟锤及类似这般的市井传说，让人们怀疑暴行的传言，并使人们更加难以相信纳粹的暴行。但是，有一件事证据确凿：1914年，德军杀害了法国和比利时平民人质，就地处决平民并且用他们做人盾。1914年8~10月，有5521名比利时平民和906

名法国平民被德军"蓄意杀害"。在卢万（Louvain）[即今天的勒芬（Leuven）]，德军炸毁了该市1/6的建筑物和一所大学图书馆，造成248名比利时平民丧生，这种破坏文化设施及公共财物的行为，激起了国际社会的愤慨，让德军坐实了暴虐的恶名。[18]

德国的"恐吓"政策，即英国人说的"丑恶"政策，与他们在殖民地所实行的"反叛乱"手段一脉相承，虽然"恐吓"政策稍显平和。一般而言，欧洲军队在殖民地战争中所采取的手段都是无情且血腥的（1900~1902年，英国在南非的战争就是一例），但是德国把这种倾向推向极端。1904~1908年，德国在西南非洲（即今天的纳米比亚）与赫雷罗人（Herero）作战时，采用了种族屠杀政策，造成大约66.75%的赫雷罗人丧生。嗜杀成性成了德国人极具暴力色彩的军事文化的一部分，这种军事文化一直持续到1945年纳粹政府垮台。[19]1914年，德军对平民拿起武器对抗入侵感到震怒，尽管被杀害的绝大多数平民根本没有反抗他们。在蒂南特（Dinant），德军士兵接到命令"消灭任何向德军射击的平民"，可是一位士兵这样说道："实际上，我们向屋子里所有的平民开枪射击，因为我们怀疑他们曾经开过枪，就这样我们杀死了女人和孩子们。我们杀他们时心情并不轻松，但是我们从上级军官那里接到了命令……"[20]德军为了威慑平民百姓，蓄意使用恐怖手段，这也使人们看到了德军在占领区的统治手段。

正如当代两位法国历史学家所说，在德占区的法国和比利时平民百姓，必须面对"地地道道的恐怖统治"和"囚笼政策"，必须忍受比非德占区百姓所忍受的程度更深的贫困和剥削。占领者常常使用高压手段，强行限制平民活动，极尽侮辱之能事，[21]

德国还从比利时和法国的占领区强行引入劳工（其中从法国引入 10万人）。1916年4月，法国里尔的大主教对德军从占领的法国地区驱逐女孩和年轻妇女一事做出反应，他以忧虑的口吻给德军指挥官写信，他认为迁移"定会产生混血行为"，并且会对已经分裂的家庭雪上加霜——"她们的母亲们唯一的幸事就是把女儿留在身边，因为其父亲不在家，儿子又在前线作战，或者已经战死，女儿现在若被驱逐，母亲们就孤独了"。[22]

1916年，兴登堡和鲁登道夫建立了"无声的独裁专制"之后，德国的野蛮政策更是变本加厉。鲁登道夫肆意曲解克劳塞维茨的观念，认为："只要敌人的意志还没有被摧毁，也就是敌国政府和盟军还没有被德军所逼签署和平协定，或者敌国百姓还没有接受被奴役的地位，那么战争就不能停止。"艾伦·克雷默（Alan Kramer）这样说："一旦德国和其盟友赢得战争，法国、意大利或者波兰的命运就是军队被'彻底消灭'、国土被占领、国人沦为奴隶。"[23]1916年10月到1917年2月，有6万比利时人被驱使到德国，他们的处境极其恶劣，至少有900人死亡。德意志第二帝国和第三帝国（纳粹政权）的区别之一，就是在国内外的抗议声中第二帝国停止了这种驱逐。

"利用饥饿"，是德国在占领区让当地百姓为德国做事的狡猾手段之一。德军从比利时人手中夺走了工厂，因此造成很多人失业，使当地人本已艰难的生活雪上加霜，德军利用财政和其他引诱措施迫使人们为其工作。到1918年11月，已经有16万比利时人为德国的"战争事业"效力。在东线，德军也采取了同样的政策。[24]如同1944年的情形，当1918年8~11月协约国军队击退德军时，协约国士兵被法国和比利时百姓高呼为救星，他们已经忍受4年残暴的异族统治了。[25]

"1914年精神"

第一次世界大战最让人记忆犹新的画面之一，是整个欧洲的城市里到处都是欢呼的人群，他们在满腔热情地迎接战争的来临。现在回过头来看，这些人都是在冲动地、像旅鼠一样地去赴死。20世纪60年代的戏剧和电影《啊！多么可爱的战争》（*Oh! What a Lovely War*）就再现了这一场面。第一次世界大战的爆发正逢英国8月公共假日，按照传统工人们都会在此时披头散发，这极大地加强了狂欢的气氛。同样，据说在德国慕尼黑一张拍摄人群的照片中，正好捕捉到年轻的阿道夫·希特勒欢庆战争爆发的画面。近年来，历史学家们都在很大程度上丢弃了举国欢庆"和平被毁"的观点，而是以一种更加审慎的态度对待之。一个人对战争爆发的反应取决于很多因素，例如年龄、性别、阶层、政见和居住地，不会所有人的反应都千篇一律。一方面是忧心忡忡的母亲们送儿上战场时脸上表现出来的那种不祥之感，另一方面年轻人被当时的情绪所感染终止学业，豪情满怀地希望为国献身。对战争那种幼稚的狂热正好符合一些人的想法，他们总是觉得大众因为被欺骗而加入战争，换句话说，他们觉得战争是徒劳无益的，但是，他们的想法并不能准确描述1914年7~8月那种弥漫开来的复杂的情绪。

1914年7月底到8月初，柏林人都出奇地平静，好奇地想知道世界发生了什么事，等待着报纸的号外版（在广播还没有出现的年代，这是人们获取信息的主要来源）。左翼反战派社会民主党举行了大规模的反战游行示威，然而被看作代表整个德国的，却是那些成群结队穿过"柏林的国家'神圣'场所"的支持战争的年轻人的行为。更具有代表性的，应该是在法兰克福的记者们于当年7月底发出的报道：

> 一股强烈的兴奋情绪笼罩在城市的各个角落。所有的事情都变了……但是最普遍的情绪却是极度严肃，那种令人恐怖的祥和与平静……家庭主妇和年轻女人们坐在安静的房间内，她们在严肃地思考即将发生的一切。骨肉分离，一种可怕的恐惧，正向她们走来。[26]

人们可以想象到，类似的场景在整个欧洲都出现了。尽管社会民主党把"1914年精神"解释成：人们向往民主改革，而不是拥戴帝国政府的外交和国内政策，但是一旦宣战，倡导虚幻的激情和众志成城可以在德国营造出暂时的团结一致的情绪氛围。社会民主党和右翼民族主义者对"1914年精神"有不同的解释。[27]

对英国在1914年发生的故事，多年来一直有怀疑的声音。8月30日，"亚眠快讯"（Amiens Dispatch）发表，其中提到在蒙斯战役中英军遭受重大伤亡，之后"争先恐后去当兵"的场面确实出现了。从8月4日开战到9月12日，共有约47.88万人自愿报名参军，其中有约30.19万人是8月30日以后报名的。[28]这个数据表明，认为1914年8月初战争使国民群情激奋的观点是夸大其词的。德国柏林的例子，在英国也出现类似情况，首都伦敦的活动常常被看作代表整个英国，这是不可信的。实际上即使在伦敦，当时很多报道也说人们感到压抑而不是兴奋。8月2日，工党在特拉法加广场——伦敦心脏的象征，举行了盛大的反战集会，直到集会结束都没有遇到"反对示威"。有一种观点认为，英国领导层在商讨战争与和平的重大问题时，受到了强硬派暴徒的影响。战后大卫·劳合·乔治也持这样的观点，但这种观点实际上是站不住脚的。一份关于英国（当时包括爱尔兰整个岛屿）在"一战"爆发后的反应的最新研究认为：没有出现"战争狂热"，正如那个年代的很多观察家所说的那样。[29]如此看来，那种"旅鼠赴死"的比喻是完全不对的。恰恰相反，证据表明，当时的人们对利益攸关的问题和德国造成的威胁，有非常清醒的认识。

海洋在英国和德国之间筑起了天然屏障，但是德军对法国领土构成了直接威胁，这种威胁很快被从战区来的难民潮带到了法国后方。1914年7月底，在巴黎有过一次大规模的反战示威，但是在此之后，德国威胁占据了法国人的心头。8月1日在巴黎的集会展示了法国人的决心和团结，而不是对战争的狂热。在乡村，"震惊和恐慌"是普遍的反应。当时有一个报道称，只有一个农业地区的5%的人口表现出对战争的渴望。但是即便在那个地区，也像巴黎一样，大众的基本心态是必须坚决抵抗德国的入侵。[30]

1914年以前，有些社会民主党人天真地认为：如果大规模冲突即将爆发，那么全欧洲的工人大罢工将使备战工作被迫停止。这一美梦没有成真，大多数国民支持政府。我们在第1章里说过，在德国，俄军大规模的部署让他们觉得自己是在自卫。德国的一个"备战和平"（Fortress Truce）计划，立即把所有派系团结到一起，包括社会民主党。法国也有个类似的计划，叫作"神圣联盟"（the Union Sacrée），一时把左右两派拉到一起。关于爱尔兰未来归属问题，在英国党派之间的激烈辩论被暂时搁置。即使在俄国，也出现了表面上的团结，背后却是反动员的骚乱，唯独没有激情满怀。在奥匈帝国，有欢庆的表面泡沫在浮动，也有精心设计的支持战争的集会，但是大众的心态很像俄国。[31]看来"1914年精神"并非毫无根据，所有大国都加入了"一战"，而且其百姓都或多或少地团结在了一起。接下来几年，这种团结几近崩溃，摇摇欲坠。

适应战争

战争的爆发让参战各国的百姓感到震惊，1914年的下半年，是一段艰难而又痛苦的适应期。军方接管了大部分或者全部的铁路，火车的运行时刻表被严重打乱。法国和德国都把战区里的铁路交给了军方。[32]欧洲城镇的街道上随处可见穿军服的人，因为后备役兵员都报名上前线，这些人放下田里或者车间里的工作，来做不熟悉的军队里的工作。在火车站，四处都是爱国宣传，也随时能看到含泪告别的场面。不久，火车站里出现了"医院列车"，把伤员从战场上源源不断地运回来，然后分配到各地医院。很多大型建筑都成了临时医院和医疗中心，例如"格拉姆斯堡""苏格兰贵族之家""斯特拉思莫尔伯爵之家"等，这些活动场所都变成了康复中心。在这里有一个14岁的小女孩，帮着照料伤员，后来她成了英国王后，也就是伊丽莎白·鲍斯-莱昂（Elizabeth Bowes-Lyon）。现存的医疗设施都交给了军方，德国柏林一家战前叫贝利茨的疗养院，变成了军队医院。

男人们突然离开农场、办公室和工厂，意味着老人、未到参军年龄的孩子和女人不得不接替他们的工作。尽管人们经常希望战争以及战争带来的混乱很快过去，但是事情无论大小，他们都必须尽全力做好。战争对地方经济的影响不一而同，有一项对比一定能够说明各参战国的情况。英国的莱斯特是制靴中心，因政府的合同量增加而兴旺起来；而离此地不远，诺丁汉市提供的新兵数量比莱斯特要多很多，[33]这与其"花边制作之乡"的地位有关。因为花边制作能满足和平时期的浮华，但会成为战时经济的弃物。很多新的军属家庭必须要适应收入下降，因为军属津贴等补助常常是杯水车薪。

约翰·基根（John Keegan）认为"女人几无例外都远离战争"，他的观点完全是错误了。[34]在第一次世界大战中，女人的角色至关重要，因为男人们通常都上了战场，女人们就必须把原本由男人们做的事情承担起来。另外，传统上女人的事情如抚养家庭、维持家庭和睦等也必须做好，在战争环境下，没有男性成员的帮助，做这些事会比原来更加艰难。在德国，特别是在奥匈帝国，单是确保家里人能吃上饭就非常困难。我们不能低估女人们所承受的心理压力，她们为在前线的丈夫、儿子、父亲、兄弟

第6章 全面战争

担惊受怕，渴望着亲人来信却又害怕等来伤亡通知的电报。渐渐地，她们不得不担起"两副担子"，既要做家务，又要当劳力顶替男人上班。以维也纳有轨电车公司为例，1914年6月只有287名女性雇员，4年之后拥有了7490名女性雇员。在奥匈帝国的军工厂里，有约78%的劳动力是女性。[35]从某种程度来说，女人参与国家的战争事业，带来了政治、社会和经济的进步，英国女人就是一个非常好的例子，新式的、更加开放的生活方式——穿裤子、抽烟成为时髦。正是因为战时工作，一些女人第一次有了相当程度的经济独立。战前一些有声有色的、有时还很激烈的女权运动都没有为女人争来投票权，但是到1918年，30岁以上的女人有了投票权，尽管为这些女性赢得投票权的"扩大的民主行动"，主要目的是给更多男性投票权。[36]总的来说，最多也就是进两步退一步的事。当男人们复员回家并再次进入劳动力市场时，很多女人丢了工作，虽然很多文职工作中，战后女性雇员数量比战前还是要高很多。但社会仍然主要以传统观念看待女性角色，把她们看成妻子和母亲，没有与男人平等的地位。[37]在西方社会，第一次世界大战只是标志着女性地位革命的开始，这一革命过程贯穿了第二次世界大战及其以后的几十年。

从战争最开始，政府就呈现出这样一种趋势：随着战争的进行，政府越来越集权，越来越成为干涉主义者，加强控制，有时候直接接管原本属于私有领域的活动，包括经济的关键部分。同时，政府对人们生活的干涉也越来越多。德国和其他参战国政府同样的趋势，是在务实地应对全面战争的需要。按照1851年制定的《普鲁士战时围困法》（Law of Siege），军方有"广泛的……逮

181

捕权、搜查权、审查权、邮件检查权、禁止特殊商品的买卖权和查封权"。[38]同样，英国也颁布了国土防御法案，赋予政府广泛的权力，也许只是不像德国那么严苛。

志愿行为

从战争开始时起，每一个参战国的军队都实行了志愿兵役制。事实上，如果不是个人和组织的自愿承担义务，要动员社会打一场全面战争是不可能的。平民的志愿行为有各种形式，从为军队织袜子，到在火车站的食堂工作，以及为战时慈善机构募捐。在很多情况下，女人承担了重要角色。有一个英国女人霍普·克拉克（Hope Clarke），为红十字会和其他机构募集到6万英镑的巨款。像德国的其他城镇一样，弗莱堡（Freiburg）有很多志愿者协会，其中有一个志愿者协会为贫困孩子们组织夏令营，这种大胆的行为在战时尤为重要。[39]志愿行为也是战争财政的关键组成部分。尽管有些国家提高了税收，譬如英国、新西兰和加拿大，但战争的资金不能完全以这种方式筹集，部分是因为实际的原因，也是为了维持民众的支持。美国和英国的税收，只能满足战争日常开支的25%，而奥匈帝国、俄国和法国的税收竟然没有用于战争日常开支。[40]这些国家的政府借钱来打仗，从国外借，也从自己的百姓手里借——发行战争债券（或者公债）。

战争债券是一种金融机制，鼓励市民借钱给国家，因此市民变成了利益攸关方，对追求胜利产生了强烈的兴趣。1917年美国加入第一次世界大战，促使"自由公债"的招贴广告强调，购买"自由公债"是报效国家的一种方式。德国发行了共9期半年期战时公债。市民购买最踊跃的是1916年3月那一期，共有520万人认购。市民反映最冷淡的是1916年9月那一期，这可能反映了德国中产阶级因德军在凡尔登战役和索姆河战役中遭受巨大损失而动摇了信心。德国战时公债总共募集到"1000亿马克，也就是战争开支的2/3"。按照大卫·史蒂文森（David Stevenson）的说法，"欧洲中产阶级表明了他们的愿望：愿意以自己的财富和子孙的生命来下战争赌注"。[41]

　　1914年，欧洲大陆所有大国都握有征召来的庞大军队，所以在战争来临时，志愿报名参军相对来说就不那么重要了。1914年，在第一次伊普尔战役中，唱着爱国歌曲参战的德国学生志愿兵，是欧洲大陆最著名的志愿兵。他们在进攻英国正规军时所遭受的巨大损失，变成了神话般的对无辜平民的大屠杀，后来成为民族主义者和纳粹宣传的主要依据。[42]

　　英国缺少政府招募的部队。1914年8月，基奇纳勋爵号召志愿者参军。到1915年年底，有约246.67万名志愿者报名参军，新兵于1916年1月入伍。人数之多实属罕见，为了部队现有编制不至于过于臃肿，在把新兵交给"战争办公室"之前，大量的部队番号由地方政府、私人组织甚至个人提出，但是"正式"命名的营级部队番号占大多数。很多新部队番号带有很强的地方特色，例如在赫尔组建的4个"兄弟"营分别称作：赫尔商业营、赫尔商人营、赫尔运动员营和有意思的赫尔"杂牌"营①。"一战"前半军半民的志愿者部队——地方自卫队，也壮大了很多。[43]

图6-1 喀土穆的基奇纳伯爵

（1914～1916年任陆军元帅、英国陆军大臣）

这种招募新兵的方式在大英帝国不同属地被多次使用。澳大利亚在野党工党的领袖安德鲁·费舍尔（Andrew Fisher）有句名言：大英帝国将得到国民的支持，直至"最后一个人和最后一个先令"。人们纷纷涌向新兵招募站。1915年，澳大利亚军队的新

---

① 这些营在部队里的正规编号为：东约克郡团第10营、第11营、第12营和第13营。

兵达到约5.25万人。据报道，在1914年9月，有一个人借了一匹马，在昆士兰州骑了25英里，然后又走了50英里才来到新兵招募站。[44]"一战"爆发后的第一周，在塔斯曼海（Tasman Sea）的另一边，新西兰就有1.4万人参军。[45]在加拿大宣布招募新兵之后，从战争开始到1917年5月，"多伦多2/3以上的适龄男子自愿报名参军"。[46]但是，在英联邦范围内，有两个群体极大地抵制了征兵号召，一个是南非的布尔人，他们多数人对把他们的领地纳入南非联邦不满意；另一个群体是法裔加拿大人，他们总体上对大英帝国不信任，也有很多人对法国不是那么忠诚。加拿大远征军中只有5%的人来自占加拿大总人口35%的法裔移民社区。[47]

爱尔兰的十年革命

1914年，爱尔兰属于英联邦的一部分，第一次世界大战爆发时英联邦正处于内战的边缘。两年前，阿斯奎斯领导的自由党组阁的英国政府，得到温和的宪政民族主义者党派——约翰·雷德蒙（John Redmond）领导的爱尔兰议会党的支持，试图让爱尔兰自治，这意味着英国政府要放权给都柏林的执政者。北爱尔兰的新教徒，得到了英国主要在野党"保守党"①的支持，强烈抵制爱尔兰自治。新教

---

① 原文 Tories 指英国保守党的党员，他们主张爱尔兰留在英国。——编者注

徒组成的北爱尔兰志愿军（Ulster Volunteer Force，UVF）和天主教徒组成的爱尔兰志愿军，都武装起来并进行训练，宗派冲突似乎一触即发。在英军的军官中，有很大一部分是爱尔兰新教徒，因此这些军官之间产生了分歧。1914年3月，驻扎在都柏林附近柯里奇（Curragh）兵营里的一些军官，在休伯特·高夫准将的领导下，挑起了一场危机，他们宣称：宁可辞职，也不要被利用来逼迫北爱尔兰接受自治。

"一战"的爆发，让这场迫在眉睫的内战得以避免。爱尔兰自治一事本已纳入了立法议程，但是由于战争立即被搁置起来。北爱尔兰新教徒满怀激情地参加第一次世界大战，其志愿军被编成英军第36师。雷德蒙经过一段时间犹豫后，在9月20日的伍德布里奇演讲中，表示全力支持英国加入第一次世界大战，以便"捍卫自由和宗教权力"。[48]毫无疑问，他的这一举动背后隐藏着政治目的——给人们造成忠诚于英国的印象，有助于爱尔兰取得自治的地位。但是，爱尔兰天主教徒支持战争的真正原因是，德军对比利时境内天主教徒的暴行激起了他们的愤怒，而比利时也是一个被强大的邻居欺负的小国。天主教的民族主义者加入了第10师（爱尔兰师），但大部分加入的是第16师（爱尔兰师）。雷德蒙的哥哥威利（Willie），这位爱尔兰议会党的高层人物，加入了英军并在西线阵亡，时年56岁。在爱尔兰，尽管对战争的支持达成脆弱的一致，但是一些更加激进的民族主义者团体，譬如爱尔兰共和兄弟会（the Irish Republican Brotherhood, IRB）却没有表态。1916年的复活节，爱尔兰共和兄弟会在都柏林发动起义，得到部分爱尔兰志愿军和爱尔兰市民军的支持。

他们占领的建筑物中有一幢是康奈尔街上的邮电总局大楼，帕特里克·皮尔斯（Patrick Pearse）在这里宣布爱尔兰共和国成立。通过以"上帝和先祖的名义"告喻"爱尔兰的男人和女人们"，临时政府宣布建立"主权独立的国家"。[49]"复活节起义"在英国遭到了百姓的冷漠甚至敌视，注定会兵败，很快被英军彻底粉碎。在平息过程中，造成叛军死亡64人、平民死亡254人、英军死亡116人、警察死亡16人。英国政府花了很长时间才将叛军的领导人一个个处决，这种笨拙的反应反而导致了百姓对叛乱者的同情，支持自治的约翰·狄龙（John Dillon）称其为"滴水式处决政策"。百姓对政府的这种行为很愤怒，致使5月3~12日期间主动权又回到了分裂者手中。[50]军队里爱尔兰志愿者的数量急剧下降，政府不得不从英格兰征兵补充到爱尔兰师团里，使其保持战斗力。英国政府没有达成爱尔兰民族主义者所能接受的协议，这极大地打击了雷德蒙，因为他一直在努力让爱尔兰不脱离英国。1918年，英国政府通过一项征兵法案，适用于爱尔兰，并与爱尔兰自治相关。虽然这项法案从来没有付诸实施，但是比起"复活节起义"给爱尔兰带来的威胁，该法案更能让民族主义者走向极端。爱尔兰议会党无法阻止征兵，这让人们感到它的脆弱，而激进民族主义者的党派"新芬党"从中获益。

1918年12月的英国大选中，新芬党赢得73席，而爱尔兰议会党只赢得7席，在爱尔兰北部，保守党（联合工会）取得22席。新芬党拒绝去威斯敏斯特（伦敦的一个区，英国议会所在地），而是在都柏林成立了新议会——爱尔兰下议院。第二年，英国人动用武力试图挽回其权威，但是遭到了爱尔兰游击队的武力抵抗，因此一场冲突爆发了，英国人称之为"盎格鲁-爱尔兰战争"，而爱尔兰人称之为"爱尔兰独立战争"。1921年双方停火，举行谈判，结束了这场战争。爱尔兰岛被分成两部分，一部分是爱尔兰自由邦，另一部分是北爱尔兰——仍然属于英国。这一妥协方案遭到了爱尔兰南部强硬派的抵制，随后在爱尔兰自由邦爆发了内战，内战持续了11个月。1923年，爱尔兰自由邦胜利，在爱尔兰结束了10年的革命。这场革命以第三自治法案开始，以爱尔兰大部分从英国独立出来而结束。

"全面战时经济"的出现

全面战争的核心部分是交战双方经济上的对抗。在这一方面，协约国具有三大优势："英国在全球经济网络中的中心地位"、美国强大的经济实力、英国皇家海军在世界各大洋上的绝对优势。西奥·鲍尔德斯顿（Theo Balderston）总结道，英国的优势使英国"得以轻松地把资源运到盟友那里，远离同盟国"。[51]英国皇家海军确保了协约国可以出入北美，像第二次世界大战那样，北美提供了大量的战争物资和食品；同时皇家海军对德国的封锁，切断了德国到美国这一巨大的中立市场的航路，也阻止了为德国运送货物的中立国船只进入欧洲港口。因此，小毛奇列入"施里芬计划"里的不要打搅荷兰以便让鹿特丹成为德国商业通道的想法，成了痴人说梦。

奥匈帝国为全面战争所做的动员，不仅凌乱而且不认真。相对而言它还是一个欠工业化的国家，但这并没有引起它的重视。更为重要的是，在这个多民族、多种族、多语言的国家，必须维持一种微妙的政治平衡（尤其是维也纳和布达佩斯之间存在权力竞争）。战前动员起来的新兵员数量有限，通过税收为军方募集的资金也有限。正是出于这种政治上的考量，决定了奥匈帝国领导层应对战争带来挑战的方法。他们担心，全面动员可能会引起少数民族的动乱，甚至造成这个风雨飘摇的帝国的崩溃。因此，军队的现代化进行得小心翼翼，军火生产的增长也极其缓慢。1916年11月，奥匈帝国开始执行战时工业扩张计划，实际上是德国"兴登堡计划"的简单模仿，最终失败，其原因正如一位历史学家所说的"缺资金、缺劳力、缺原材料和运力"，换句话说，就是缺所有的东西。[52]

从某些方面看，俄国为全面战争所做的动员倒是有声有色。

从1915年年初开始，沙俄当局采取措施，使俄国工业能够满足战时需要。譬如，在未来几个月要使炮弹的产量翻倍，为此要大量增加进口，政府和私有产业一起合作，重组生产和资源分配。俄国实现了这一目标，尽管面临着极大的困难：1915年同盟国的进攻造成俄国一些最富饶的农业区和工业区被占领，这些地方居住着约2000万的人。此外，不像其盟友那样，俄国进入全球市场的优势有限，尤其缺乏不受封锁的港口。俄国战前虽然经历了快速工业化，但是工业体系的效率并不高。1916年春天，有350万吨的煤炭堆积在矿井附近，因为通过铁路把煤炭运送到需要的地方存在困难。关键产业里的工人被征召入伍，正如1916年一位实业家所抱怨的那样，如果这一问题得不到解决，"那么我们买生产设备就毫无意义"。取得劳动力需求和兵役需求之间的平衡，绝不是俄国所独有的问题。1915年，包括女人、边境涌过来的难民和战俘在内的新工人，进入了劳动力市场，致使生产能力急速上升，但是1916年又下降了，而且因为俄国内部的动荡和革命，这种下降趋势在战争过程中一直持续着。[53]

法国为全面战争所进行的动员，是克服困难建立战时经济的典型范例。战前，法国80%的钢材和55%的煤炭产自于"一战"初期落入德军之手的地区，进口有效缓解了这一问题。1915~1918年，法国工厂使用的钢材有50%来自美国和英国，而且英国也向法国提供了一些武器和弹药。为了应对战争，合理组织法国经济非常关键。法国一方面与英国合作在美国采购，另一方面政府、实业家和劳工组织之间形成了有效的伙伴关系，这种紧密合作减少了重复生产和低效率的问题。1916年法国军需部长阿尔伯特·托马斯（Albert Thomas）进行了大量的社会改革，使得工会在全国范围内步调一致。法国的劳动力吸纳了大量妇女、战俘和外国工人，其中包括很多来自法国殖民地的工人。法国战时经济得到了极大发展，到1918年，每天可以生产出26.1万发炮弹，以至于这一年美军加入西线作战时，其使用的大量武器装备都是法国制造的。[54]正因为如此，法国被称作第一次世界大战中的"民主兵工厂"。[55]

　　在第一次世界大战中，英国从非常低的基础起步，建立了了不起的战时经济。开始实行的"一切照旧经营"的方针很快就不适应了，因为人们明显意识到战争将是长期的，而且英国需要一支庞大的军队，政府进行干涉变得越来越迫切。[56]1915年英国建立军需部，部分原因是那年春天，报纸攻击基奇纳勋爵处理战争事务的手法时，曝出了"空壳炮弹丑闻"。由年富力强的大卫·劳合·乔治出任军需大臣，表明了政府处理新问题的态度。[57]1913年政府的支出占国内生产总值（GDP）的8.1%，1917年时这一比例上升到38.7%。到1918年11月停火时，英国战时经济已经壮大到可以支撑整个欧洲大陆上的陆军和一支庞大的空军。1914年，英国炮弹年产量是50万发，到1918年为6980万发；1914年飞机发动机产量是99台，到1918年为22088台。[58]第一次世界大战初期，英国军队常常因为缺少物资而不能行动，到1918年的"百日攻势"时，黑格指挥的英军已经可以打一场"富人的战争"，也就意味着有无限供应的后勤补给。[59]

　　第一次世界大战爆发后，德国经济转型，因为政府尤其是军方和大财团结成伙伴。沃尔瑟·拉特瑙（Walther Rathenau）是一位赫赫有名的实业家，在德国战争部"军需处"的创建过程中成为一个至关重要的人物。这种"国家势力和私人势力的大规模联姻"，导致了集中控制的出现。大约有200家"战时公司"创立，其中第一家是战时金属公司（War Metals, Inc.）创立于1914年9月2日。德国战时工业委员会创建于1914年，对德国战时经济产生了巨大影响。[60]

　　1916年8月中旬，随着德军在索姆河战役中吃力地遏止协约国军队的进攻并在凡尔登继续采取守势，法金汉的西线作战方案露出了失败的端倪，威廉皇帝很不情愿地被迫用兴登堡和鲁登道夫这一对搭档换掉法金汉。这对从东线来的搭档的上任，不仅代表着军事指挥的变动，也代表着军方在德国政府里地位的上升。当时有一位平民首相在名义上管理着政府，这掩盖了兴登堡和鲁登道夫掌握着实权。威廉二世已经在很大程度上不再参与决策，因此在百姓的心目中，兴登堡成了皇帝的替身，他是德国的一位平静、睿智、像父亲一样的人物。这对将军搭档在德国成了最重要的人，他们倾尽整个德国经济和社会之力来打一场全面战争。"兴登堡计划"为军火生产设定了过于雄心勃勃的目标：用几个月的时间，到1917年春天，炮弹的生产要翻倍，机枪和大炮的生产要增加3倍，军工厂的工人增加300万人。鲁登道夫以战争办公室为工具，开始"对经济集权化和系列化管理……把德国转变成一个以指令经济为主的军事独裁国家"。1916年12月"辅助兵役法"（the Auxiliary Service Law）的颁布，使所有从17岁到60岁的男性都有义务到工厂工作并严格限制工人跳槽。[61]

图6-2　1917年西部战线的英军机枪手

兴登堡计划影响广泛，正如预见的那样，工业生产没有到达目标，而且这种权宜之计破坏了经济，社会的凝聚力也被这一试图创立全面战争国家的血腥计划打碎。制订计划时，根本就没考虑要得到社会的认可。百姓的痛苦进一步加深，大量的百姓越来越离心离德，人们对德国皇权的敬重和忠诚丧失殆尽。[62]德国议会是经过民主选举产生的，但毫无用处。"一战"爆发后，德国议会就被政府内的军国主义者挤到一边，而且社会民主党决定与政府勾结在一起，使得议会备受冷落，也开始表现出各行其是。1917年7月，"和平方案"（Peace Resolution）在议会通过，提出实现"没有吞并和赔偿的和平"。这一方案对外交政策根本没有任何影响，只是让政府更加尴尬，所谓的"举国团结"下出现的裂痕也大白于天下。工人们变得越来越反抗，社会上出现了很多反战罢工，包括1918年1月的大罢工。后来大约有100万工人罢工，他们提出更多的要求。罢工的工人，都冒着被充军并送到前线的危险。1917年9月,"德国祖国党"创建,进一步反映了德国社会的分裂。该党吸收了125万成员,其规模超过了社会民主党。德国"祖国党"提出:坚持对外吞并直到完全胜利,反对国内民主改革和"和平方案"。"爱国主义教育"被引入军队。[63] "1914年精神"没有了,革命的条件已经具备,一年以后爆发的内战此时已露端倪。在停火与签署《凡尔赛和约》之间那段时间内,内战爆发,成千上万的德国人丧命。

食品供应

在第一次世界大战中,所有参战国要考虑的核心问题是让军队和百姓吃饱饭。在俄国,出现了食物危机,是多个原因合力导致的:无能的政府政策、肥沃的土地被敌人占领、运输系统混乱、投机商人作祟、农民在市场上卖得少等。政府没能确保百姓有饭吃,破坏了赢取战争的努力,也导致了沙皇政权的倒台。[64] 奥匈帝国也面临着严重的食物短缺,其国土上的粮食产量严重下降:1914年产量为920万吨,到1917年产量减少了300万吨,1918年更是减少到530万吨。匈牙利削减了送往奥地利的粮食数量,而宁愿卖给德国,同时斯拉夫人居住的地区问题太多,加之协约国海军的封锁,造成奥匈帝国很多人度日维艰。一位老人孩提时代在维也纳度过,正好赶上第一次世界大战,他回忆道:

> 我们家有7口人,母亲加上6个孩子,一天只分到半块玉米

面面包……我们派了一个人把面包取回来，放在了母亲的围裙里——因为面包摔碎了。我们每个人分到几块面包渣。我们常常挨饿，非常饿。

1915年，面包和面粉定额制开始实施。在重工业领域的一个工人的定额卡，只能让他每天得到1297.2卡路里热量的食物，但是这个工人每天要消耗至少3900卡路里的热量。挤压工人的生活标准导致了抗议，1916年奥地利发生的工人罢工中，有41%是为了食物。1917年，这一比例上升到70.2%。很多家庭开始养羊，以便有奶喝。1918年6月，"战时厨房运动"开始，这些厨房提供低价食品，维也纳的一个厨房可为10万人服务。[65]

德国也有类似的问题，有一份1915年10月的警察报告这样写道：

如果不久再次发生大规模的奶油暴乱，那么人们应该感到毫不奇怪……百姓中间弥漫着一种很糟糕的情绪……（这种情绪）日复一日在增长。常常听到人们这样说：战争不一定取决于战场，而是在于德国的经济失败。[66]

战争后期，事情变得更加糟糕。在1916~1917年的"萝卜之冬"，德国平民的食谱中只剩下黑面包、不见油腥的香肠、土豆（每人每周3磅）和"普鲁士菠萝"——也就是萝卜。[67]假食品和掺假的食物越来越多。1917年3月，一位妇女开玩笑说，她不在意香肠是用老鼠肉做的，"但特别怕是用假老鼠肉做的！"[68]德国工人们因纯粹的饥饿而产生的绝望，可以从一个目击者叙述的街头瘦弱老马倒地死亡（可能是过度劳累）的故事中一见端倪：

　　刹那间，女人们拿着菜刀疯狂地跑出公寓楼，就好像她们一直在埋伏等待着，冲到老马的尸体旁。这些女人尖叫着，你争我抢，要弄到最好的马肉，热乎乎的血喷到她们的脸上。[69]

　　在第一次世界大战之前，马肉已经不受人们欢迎了。阶层和收入，决定人们可以吃什么。家境好点的人家到黑市上买吃的。德国弗莱堡市的公共卫生处长在1916年底这样写道："肉几乎吃不到"，鸡蛋更难得到，"但是，这两种东西都非常昂贵，即使有足够的供应，穷人甚至中产家庭都负担不起。"[70]农夫以及他们的家庭，很显然能吃得好点。在依靠从远方调运食物的大城市里，吃得就不如有自给农场的小镇好。[71]

　　德国的食物危机很大程度上是协约国封锁造成的。战争之前，德国大概四分之一的食物靠进口，另外德国牲畜饲料也大部分是从美洲进口的，俄国和智利的硝酸盐是德国大量使用的化肥。协约国的封锁，很快让德国的农业产量下降25%。多个因素加大了食物危机的惨烈程度，其中最主要的因素当属官僚管理不善。《普鲁士战时围困法》把食物控制权交给了军队，而军队有24个管粮食的相关部门，导致供应和分配上的混乱与低效。[72]一些公司——战争初期做粮食生意，后来做40种不同的食品生意，企图控制食物供应。没有权力的"战时食物办公室"的成立也未能解决乱局。定额供应"不能明辨财富上的不平等……也不考虑个体差异"。[73]

　　第一次世界大战初期，德国的后方与法国和英国的一样，仅是解决战争需求。从1916起，德国国内局势恶化，陷入了杰·温特所说的"大比例人口失调"。成年人中绝大多数是女人和已超出服役年龄的男人，这些平民不仅缺少食物，而且缺少布匹（人造的衣物都是用劣质纸纤维制作的），缺少做饭取暖用的燃煤和洗澡用的肥皂。这些人显得筋疲力竭，因为每天都要花很长时间排队领定额配给，还要长时间工作以满足"兴登堡计划"的要求。他们终日里为前线或战时医院里的亲人忧心忡忡，或是为已经阵亡的亲人伤心哀痛。他们还要担忧如何让自己的孩子们吃饱。凡此种种都是死亡率直线上升的原因。据估计，"因战争造成的恶劣条件而死的"德国平民大约为47.85万人。非常令人深思的是，在英国和法国，没有出现平民死亡率上升的情况。[74]

1917年，定额配给在英国和法国开始实行。虽然缺少吃的，每天也要排队，平民常常吃不到肉，并且宣传要求人们"少吃一点面包"，但是法国和英国没有发生德国那样的食物短缺危机。尽管德国占领了部分法国领土，法国失去了20%的谷物产量和50%的甜菜产量，并且总的来说，战时法国作物产量比和平时期低，但是法国设法避免了食物生产和分配上的危机。农场的男性工人参军后，他们的工作被女人、未成年人和超过服役年龄的老人所取代。[75]法国和英国的食物供应得以保证的根本原因，是英国处在全球经济中心的位置和英国皇家海军的绝对海上优势。这意味着不管德军潜艇如何千方百计地骚扰，商船都可以源源不断地跨洋把食物运输到后方，尽管有时候情况差一些。

此外在英国，一些原因实际上使得平民的健康状况得以改善。全面战时经济暂时消灭了失业，劳动力短缺致使实际工资提高，健康保险更加普及，婴儿和孕妇的福利供应也提高了，因此贫困和营养不良的情况下降。贫困和营养不良，正是导致儿童夭折的主要原因。当然，也有一些负面情况，如因为各种原因，呼吸道疾病发病率上升了。总体上英国在战争期间"工人阶级的人均寿命提高了（工人占总人口的80%），尤其是最贫困的那一部分工人"。[76]从这个角度说，英国百姓受益于第一次世界大战，当然法国也一样，只是受益程度低一点。

全面战争的核心意义在于比敌人坚持得更长。从1916年开始，英国和法国后方，较之于德国和奥匈帝国，表现出更多的乐观和凝聚力。到1918年，德国国内市场崩溃了，德国农民不再把他们的收获送到城里，这使问题雪上加霜。德皇政权没有履行好最基本的职责，也就是让百姓有饭吃、有衣穿和身体健康的职责，所以德国百姓不再支持这个政权，也可以说实际上反对这个政权。德皇政权失去合法性，是1918年下半年德国国内大本营崩溃的主要原因。同样的状况也发生在奥匈帝国。

美国和第一次世界大战

作为第一次世界大战中最重要的角色之一，美国在大部分时间里保持中立。不同于前任总统西奥多·罗斯福，时任美国总统伍德罗·威尔逊（Woodrow Wilson）以前是一个心高气傲的学者，决定让美国置身于战争之外。他做出这一决定，既有现实主义的原因（多语言的美国人口中，有大量的人对协约国持有敌意，包括那些德裔和爱尔兰裔美国人），也有理想主义的原因，他相信美国不应该蹚欧洲强权政治的浑水。伍德罗·威尔逊是一个严谨且品行端正的人，而在他的批评者看来，他是一个自以为是的人，他希望美国做一个新世界的调停者，把和平带给旧世界。

美国袖手旁观做得极其出色。《纽约人报》（*New York American*）毫不掩饰其对未来开放前景的渴望，1914年8月，该报写道："欧洲的旷古悲剧"是"美国的绝佳机遇——不是一代人的机遇，而是一个国家百年的机遇"。战争使英法两国从美国进口的与战争相关的货物以及其他货物，在1914～1916年间，从7.5亿美元上升到27.5亿美元。因为英国皇家海军的制海权，美国到德国的出口几乎完全停止。[77]美国经济得到了极大的发展，但是对英国来说，进入美国市场是把双刃剑。进入美国市场，当然让英国（及其英国出钱援助的盟友）有能力打一场资源之战，并成为协约国最终胜利的决定性因素。一些人认为英国参加第一次世界大战会获得利益，恰恰相反，现实正如凯瑟琳·伯克（Kathleen Burk）所言：对英国来说这是一场"金融浩劫"。伦敦无节制地在美国花钱，从美国银行贷款，并把伦敦的黄金储备换成美元来买美国货物。英国财政大臣雷金纳德·麦肯纳（Reginald McKenna）对此非常悲观，1916年10月24日向内阁指出：

如果这样下去，我可以大胆肯定地说：到明年6月或者之前，如果美国总统愿意的话，就可以对我们强加一些条件了。[78]

　　仅仅一个月之后，1916年11月28日，英国财政大臣所说的那一时刻似乎到来了。伍德罗·威尔逊总统为了让交战国走上谈判桌，干预了金融市场。"英国信誉遭到毁灭，英镑处于极其困难的境地……把英国推到了一个绝望的金融危机之中"。[79]英国采取了各种权宜之计，保证战争的努力不会白费。英国已经变成了一个附庸国，要看美国的脸色，只是后来因为德国恢复了无限制潜艇战，美国被迫于1917年4月加入了第一次世界大战，英国才得以继续把仗打下去。金融危机和美国施加的压力，差点达到德军没有成功的目的——强迫英国退出战争。结果，美国取代英国成为世界上最大的金融强国，这是美国全面取代英国全球地位的重要一步。

　　英国和法国跨过大西洋从美国购买战时物资，相当于他们在美国开发了一个战时物资的工业基地，从这一角度来说，已经让当时还处于中立状态的美国为参战做好了准备。美国参战后，美军的战时装备都由欧洲盟友提供，同时美国的工厂从英法两国获得订单。1916年建立的美国国防委员会，帮助动员国内资源。从心理层面上说，因为有这些"准备打仗"的传道者——和威尔逊总统内阁的某些部门和军方有关系的知名人物，美国已经为战争做好了准备。

　　一旦进入战争，美国社会必须开始适应战争的需要。像1914年英国那样，和平时期的美国军队规模很小（正规军12.8万人，后备军16.4万人）。通过接纳志愿者、颁布义务兵役法（征兵的一种形式）和后备军转正规军，美国军队迅速壮大，整个军队人数增加到390万人。[80]威尔逊政府采取了一些欧洲政府采取的措施，对日常生活加大了干预。在未来的总统赫伯特·胡佛（Herbert Hoover）领导下的食品管理局想控制食物消费，结果"无肉星期二"成了美国生活的一大特色。狂热的反德运动也成了当时的一大特色，尽管（也可以说正因为）美国有大量的德裔移民。"百分之百美国化"运动表明：在战争时期，一个社会会变得多么不包容。曾竞选过1912年总统的社会党政治家尤金·V.德布斯（Eugene V. Debs），因为鼓励年轻人逃避征兵被逮捕入狱。"一战"使40万美国黑人从南方来到北方各州，在战时工厂里工作。这次黑人大迁徙是一个社会现象，在相当长的时间内都对美国有重要意义。从某种角度看，美国在1917～1918年所经历的全面战争体验，是为更大规模的并导致更加深刻剧变的行动的一次预演，那就是1941～1945年的第二次世界大战。

俄国革命，英国和法国的再动员

　　1917年3月（俄历2月）的俄国革命，是由于国内各团体长期疏远政府以及一个迫在眉睫的危机造成的。1916年6月俄国发动的"布罗希洛夫攻势"获得成功，本来应该给俄国的战事带来一线生机，但是这次成功的战役却让俄国付出了惨重的代价。巨大的损失和没有一鼓作气继续取得胜利，使国内对沙皇更加失望，反对之声更加强烈。1915年年底，俄国开始出现食物和燃料短缺，加之沙皇尼古拉二世拒绝进行温和的政治改革，让他不被人们接受，本来在1915年初的大撤退危机中，温和的政治改革呼声聚集了一些对沙皇政府的支持。举个例子，泽姆阁（Zemgor）是一个具有广泛基础的委员会，也是非政府组织，该组织为军队提供军火、军服和其他设备，也做了大量其他工作，如照料伤员。沙皇大肆任用反革命分子到关键岗位，同时在德国出生的皇后及皇后宠臣——修道士格里高利·拉斯普京（Grigorii Rasputin），整日里在沙皇耳旁进言，致使出现"沙皇不惜失去所有人的信任"也要固执己见的局面。1917年1月的一份警察报告警告说，母亲们被长久在商店里排队弄得疲惫不堪，也被眼见孩子们吃不饱和生病搞得心烦意乱，越来越露出危险的反叛之意。1917年3月，在彼得格勒举行的大罢工升级成叛乱，军队拒绝去平叛。一伙将军逮捕了沙皇，3月15日尼古拉退位。俄国的新统治者是自由临时政府的成员，[81]新政府想把战争继续打下去。1917年7月发动的"克伦斯基攻势"以失败告终，新政府失去很多支持者。革命者在1917年11月（俄历10月）获取了权力，到1918年3月，他们把俄国拖出了战争的泥潭。

　　1916年，战争的全面性从很多方面在英国得到强化。英国首相阿斯奎斯于1916年12月被他的自由党同事大卫·劳合·乔治取代，这标志着战事升级。1915年5月，阿斯奎斯愈发担心自

图6-3 俄国沙皇尼古拉二世（1894~1917年在位）和他的部队在一起

由党组阁的政府对战争那种拖拖拉拉的举动，于是和在野党联合工会（保守党）结成联盟。具有重要象征意义和政治后果的一件事是在英国逐渐实现征兵，1916年1月发出了单身男人参军的号召。1915年，志愿报名者人数开始下降。1915年颁布了"德比计划"（the Derby Scheme），这是介于自愿和强制之间的一个方案，该方案到1915年年底显然失败了。但是，就此认为志愿兵役制全面失败是荒谬的，因为，"一战"中英国军队里服役的士兵有一半是志愿者。新西兰和加拿大也在国内推行了征兵制。在澳大利亚，有两次备受争议的关于征兵制问题的公民表决，结果征兵制被否决，很多士兵都投票反对。[82]英国征兵制的出现，给英语增加了一个新词汇——"conchie"或者"conscientious objector"，指由于政治或者宗教原因，从良心上拒绝服兵役者。在逃避或者推迟服兵役的人中，只有2%的人是因为宗教或者政治原因（其他的原因有赡养家庭、小公司的关键职员等）。所有这些拒绝服兵役者都在法庭上做了陈述，至少有125万个案件做了裁定。[83]有些拒服兵役者被安排到了非作战岗位，还有一些被判入狱。尽管有少量的人有反战情绪和反战行为，例如瑞德·克莱德塞德（Red Clydeside），但是绝大多数英国人（这里说英国人表示不是爱尔兰人）支持战争。

　　工人罢工，主要是为了利用劳动力短缺的机会获得更好的薪酬和工作条件，这些罢工与俄国的革命罢工有本质区别。工党和战时政府是一种小伙伴关系，英国总工会也与战时政府基本保持一致。1918年工党在普选中取得胜利。

图6-4　乔治·克莱蒙梭（1917～1920年任法国总理）

　　乔治·克莱蒙梭（Georges Lemenceau），在很多方面相当于是法国版的劳合·乔治。这位76岁高龄的"老虎"，在1917年11

月当选为法国总理，而他的上任也同样象征着战争升级。他是一个极具魅力、众望所归的旗帜性人物，他的信条很简单："我要打仗。"用杰里米·布拉克（Jeremy Black）的话说，克莱蒙梭"向法国的经济注入了一缕强烈的独裁气息，但是正因为此，工业生产全力支持战争"。[84]克莱蒙梭通过与劳工组织和解，使他的强力措施与反对意见达成平衡，起到了维护国家团结的重要作用。[85]

1917~1918年，战争疲劳感在英国和法国急剧上升，乃至两个国家不得不再次动员国民，确保战争顺利进行。再动员结合了镇压和说服工作。两个国家的政府都夸大了对和平主义者的恐惧心理，试图审查和平主义者的刊物，并杀一儆百。E.D. 莫雷尔（E.D. Morel）是英国民主控制联盟领导人，一名和平主义者，1917年被判6个月监禁。这样的手段有时候会事与愿违，正如1918年一名法国女权主义者海伦娜·布里翁（Hélène Brion）在军事法庭接受审判时，被指控为失败主义者，她仅仅被判缓刑，但是这次审判使她得以把她的观点昭告天下。劳工动乱也会造成非常严重的潜在威胁，在英国和法国都有很多罢工，因为工人们想利用他们的优势，赢得更好的薪酬和工作条件，但是这些罢工有可能被政治化，并转向反对战争。为了结束工人罢工，一些被认为是闹事者的人被逮捕，政府取缔了罢工，并进行了务实的谈判，譬如克莱蒙梭为了把他的强力措施与反对意见达成平衡，与有组织的劳工进行和解，对维护法国国家团结起到了重要作用。[86]

在使用了强制手段的同时，也要使用说服手段，两者相辅相成。"一战"的第三个满年——1917年，在英国和法国，百姓支持国内进行社会、民主和工业改革。值得一提的是，1917年6月，英国《人民代表法案》（Representation of the People Act）获得通过，并于1918年1月生效。该法案通过赋予全部男性公民投票权和30岁以上的女性公民投票权，把选民数量扩大到原来的3倍。政府与劳工组织结成联盟，意味着英国和法国的工会在讨论工人薪水和工作条件时，比历史上任何时候都有更大的影响力。[87]宣传也发挥了重要作用。无论法国还是英国，都建立了与国家保持一定距离的机构来开展宣传活动。法国的宣传机构是"反敌宣传协会联盟"（Union of Associations Against Enemy Propaganda，法语缩写为UGACPE），英国的宣传机构是"国家战争目标委员会"（National War Aims Committee，NWAC）。海报、传单和公共集会——这些选举活动中常用的说服手段，与电影这种新媒体一起来使用，两个宣传机构都利用移动电影院传播他们的信息。

第一次世界大战见证了现代宣传手段的诞生，但现代宣传却名声不佳。在两次世界大战之间的岁月里，人们普遍相信，英国的宣传非常有效地把中立的美国拉进了"一战"，并在打败同盟国的过程中起到了重要作用。就这点来说不无道理，但是与之并存的另一个观点——英国的宣传整个建立在谎言的基础上，却大错特错了。查尔斯·马斯特曼（Charles Masterman）所领导的英国主要宣传机构"惠灵顿宫"（Wellington House），是建立在这样的工作信条之上的——"说出真相和建立在真相基础上的不同观点"。[88]宣传方法是：给宣传所针对的观众（最初主要针对美国观众）"经过挑选的事实真相以及不同观点，然后引导观众做出自己的判断……英国的宣传家们，很少而且极不情愿散发他们认为或者怀疑是谎言的东西"。[89]无论如何，撒谎与向公众发布原始真相之间是有区别的。正因为如此，与英国有类似宣传政策的法国，对1917年军队叛乱的报告都进行了审查。

第一次世界大战使交战国第一次建立专门的宣传机构，也是第一次把宣传内容寓于战事发展的脉络之中。不可能所有宣传都由政府包办，报纸、其他私人宣传机构甚至个人都热心地加入了宣传者的行列。1915年的一本儿童书刊，就是一个突出的例子，这本书里说道：在卢斯战役中，"英国使用一种气体——不是德国人使用过的那种会造成极大痛苦和死亡的毒气，而是一种让人吸入后至少会失去知觉的气体"。[90]

针对后方的宣传，从一开始就成了第一次世界大战的一大特色，其目的常常是规范人们的行为。一份加拿大的海报相当具有典型性：一位老年妇女在厨房里教诲一位年轻妇女，配图文字是："不浪费—不伸手要—为过冬做准备，马上动手储存食品以备不测"。一种常见的海报是宣传战争公债的。1918年，为了第四期自由公债，美国可能散发了上千万张海报，有一张最有力度的宣传画：兴登堡巨大的方形脑袋（他周围有一种自我崇拜的气氛，有点故意而为）下面写着：认购战争公债的人，是在送给我最好的生日礼物——冯·兴登堡。1917~1918年的海报，表现了生机勃勃的再动员过程。1917年法国有一张海报，上面是一位母亲把小女孩放到床上，一张军人的照片挂在墙上，暗指孩子的父亲，画中文字是：为了您的孩子不再经历战争的恐怖。同一时期，英国也有一张海报，上面有一位老工人在告诉一位年轻同事征兵年龄：那是建功立业的年纪——这就是原因。[91]

再动员非常成功。无论在英国还是法国，献身于战争的精神都一度低落过，但在1918年又重现这种精神，而且一直到胜利时都非常饱满。1918年3月，法国内政部长在做报告时说："勤劳又智慧的广大民众……非常清楚没有胜利的和平就是法国难以挽回的灾难。"[92]英国人的想法与法国人的一样。有两件事强化了民众的上述观念，一是1918年3月，德国在东线获胜后强加给俄国的和平；二是几周后，德国在西线也获得了引人注目的胜利。战争固然是残酷的，但是人们看到与其让德国获得胜利，不如继续打下去。

前线和大后方紧密地联系在了一起。在一场全面战争中，一场基本上由平民穿上军装组成的庞大军队参与的战争中，前线和后方必然连成一体，别无选择。1918年，在德国后方，军人的家属们所遭受的苦难毫无疑问影响了德军的斗志。如果后方百姓有决心，那么前线的军队就有了获胜的基础。如果后方撑不住了，那么整个战争努力就会白费。在一场拼资源的战争中，产业工人和士兵一样重要。

以战略而言，攻击平民百姓是完全符合逻辑的。在欧洲，协约国的封锁是到那个时候为止这一战略最具意义的成果。确实有针对平民的轰炸，但是这种轰炸对战争的结局影响不大。之后爆发的规模更大、更全面的"二战"中，对平民的轰炸更具有影响性。第二次世界大战，因为对日本的两座城市扔下两颗原子弹而结束，这是全面战争的进一步扩展。在对第一次世界大战的结束产生的原因进行评估时，1918年协约国军队在战场上的胜利无疑具有重要意义，但是，法国和英国大后方的坚韧不屈也是非常重要的，这种坚韧不屈与德国后方由于全面战争的压力和协约国军队的封锁而造成的离心离德形成鲜明的对比。

尝试"妥协的和平"的失败

全面战争不可分割的一部分就是调动民意。尽管前面经历了战场僵局，但是在1917年之前，没有任何一个交战国强烈需要妥协的和平。也就是说，参战各国还能够进行血战，追求更加长远的战争目标，而不必谈判解决。战争爆发后，百姓对敌人的憎恨积聚得非常快，法国把德国描述成"恶瘤"，讲英语的国家用"野蛮人"来形容德国人，在这之前能被如此称呼的，只有罗马帝国。在英国，有些德裔的店铺遭到攻击和抢掠。对德国人而言，英国迅速成为头号敌人，超过了俄国和法国。在战争刚刚开始两周之后，德国一家报纸说，"英国成为德国头号敌人，已经形成共识"：

英国之所以宣战，是因为其奉行的包围政策，政策的源头是对德国经济发展的恐惧，最终目标是让德国衰弱。既然这样，那么就没必要紧张……英国政策真正的最终目标已经暴露于天下。[93]

这种仇敌的想法，加之另一种想法——任何折中的胜利都是对牺牲者的背叛，使得任何交战国都很难认真去考虑通过妥协得到和平。但是，左派和右派里面都有些人想要妥协的和平。资深的英国政治家兰斯道恩（Landsdowne）勋爵被战场上大批社会精英的毁灭所震惊，在1917年年底公开倡导"妥协和平"，但是他的观点与民众的想法有冲突。

和平谈判的主要障碍是，德国和协约国的最终目标有天壤之别。德国发动侵略战争是为了攫取霸权，而协约国参战是为了阻止德国攫取霸权。在1914年的西线战役中，德军占领了比利时和法国的重要领土，而后在大部分时间里采取守势，不顾法军和英军在西线驱逐他们的企图，把其进攻的方向转向俄国。随着西线进入僵持状态，东线获得胜利，德国没有理由妥协。法国和英国当然可以在德国占据着西线领土的情况下同意达成和平协议，但是这无异于承认战败，并严重削弱英法两国的国家安全。德国总理贝特曼·霍尔维格（Bethmann Hollweg）于1914年9月提出一个计划，暴露了德国的目标有多么野心勃勃。依照此计划：比利时将成为一个"附属国"；法国将被削弱为三流国家，被迫支付巨额的战争赔偿，实力被彻底粉碎；英吉利海峡沿岸将隶属于德国，德国海军将在那里建港口，德国从而可以进出大西洋、印度洋和地中海；中欧关税联盟将"稳定德国在中欧的经济霸权"，同时在横跨非洲的广袤大地上建立一个中非国家。[94]

在东线，由于战胜了俄国，德军的胃口大增。其"九月计划"是这样构想的：俄国边界被迫东移，德军所到之处的非俄语种族都不再受沙皇统治。1917年，"九月计划"又进了一步，加上了在波兰、巴尔干半岛地区和乌克兰建立德国的傀儡国。按照柏林政府的观点，这是一个错误。在同盟国里身居高位的一些人当然明白，同俄国达成妥协极为重要。1915年7月，乘着戈尔利采—塔尔努夫战役胜利的东风，奥军总司令康拉德提出：需要"建立良好的沟通渠道，同俄国建立单独的和平……我们首要的任务应该是，避免任何对俄国的侮辱行为，而第一步就应该坚决放弃在俄国领土上的大量特权"。[95]这是一个明智的建议，通过提供给彼得格勒可以接受的和平条款打破反德联盟，只可惜当时没有人注意到。相反，俄国人认为这些条款太苛刻，他们从其盟友那里已经得到伊斯坦布尔和达达尼尔海峡归属俄国的承诺（当然，这让协约国失去了与奥匈帝国达成单独和平的机会），因此俄国人拒绝了同盟国的试探性建议。[96]

　　法国的战争目标最低限度是收回1914年失去的领土。尽管法国参战时没有寄希望于收回阿尔萨斯—洛林，但是很快这就成了其目标之一。和英国一样，法国也在寻求扩张其帝国。帝国扩张在战争开始时也不是法国参战的目标，而是随着战争的进行，在政策中加进了这一点。英国的战争目标，一方面相当有限——德军必须被赶出比利时，另一方面又相当宏伟，虽然不太具体——欧洲的力量平衡必须得以恢复，消灭普鲁士的军国主义，这样一个忏悔的战后德国不会再构成对世界和平的威胁。作为1917~1918年英国再动员活动的一部分，英国的战争目标进行了修改：原则是捍卫和推广民主，奥匈帝国内各民族自己决定其未来。

　　1916年年底，有一次可以获得妥协和平的机会，但转瞬即逝。德国12月12日发表了一个《和平声明》(Peace Note)，尽管其中毫无立场松动的迹象；后来也是在12月晚些时候，美国的威尔逊总统公开要求参战国提出自己的战争目标。英国和法国在1917年1月10日做了回应，提出"民主战争"的目标。这一提法很明智，强调了两大同盟目标的不同之处。威尔逊总统也做了回应，明确阐述了他的"没有胜利的和平"的观点。法国和英国都希望分裂同盟国，但是没有始终如一地坚持。1917年3月，新继任的哈布斯堡王朝皇帝卡尔，接替1916年去世的弗朗兹·约瑟夫(Franz Josef)，谨慎地提出单独和平的可能性。这要通过一个中间人，他的姐夫——帕尔马的波旁皇族西克斯图斯亲王(Prince Sixtus)，一名比利时军队的军官。当德国发现了这一企图时，立即制止了卡尔。还有一次实现妥协和平的尝试，是教皇本尼迪克特十五世(Benedict XV)提出的，1917年8月1日他发表了一个和平声明，但是没有起到什么影响。劳合·乔治在1918年1月卡克斯顿大厅(Caxton Hall)的演讲中，明确声明：英国不是"为消灭奥匈帝国而战"。他还试图在德国皇帝和德国百姓之间打入一个楔子，他呼吁德国要实行"真正的民主宪政"，这将是向着"广泛的民主的和平"迈出的一步。[97]

　　劳合·乔治的卡克斯顿大厅演讲之后不久，威尔逊总统公开宣布了他的"十四点原则"(Fourteen Points)。这是一个理想主义的、意义深远的自由国际主义规划。其中第一点要求放弃秘密外交，第二点要求"海上航行自由"，而第四点要求裁减"国家武装力量"到"能保证国家安全的最低程度"。这些建议，加上其他关于集体安全和民族自决的建议，旨在推翻当时维系国际关系的准则。这些建议立即在私下引起了威尔逊和英法两国的冲突。法国总理克莱蒙梭不无讽刺地评价道，尽管威尔逊总统提出了"十四点"，但是上帝只认同"十点"。[98]

图6-5 伍德罗·威尔逊（1913～1921年任美国第28任总统）

威尔逊总统刚刚宣布他的"十四点原则"时，对被军国主义把持下的德国的计划没有任何影响。1918年10月初，随着德军接连地吃败仗，"十四点原则"又突显出其重要性。面对着军事灾难即将成真的现实，鲁登道夫告诉德国皇帝，"把社会民主党人和自由党人吸收到政府里来，正是这些人造成了目前的状况……他们应该把现在必须要实现的和平实现。他们自己造的孽，现在必须自己去收拾！"[99]这一建议真是深思熟虑，一是通过炮制他人"背后捅刀子"的故事，来开脱德军最高指挥部对灾难性失败应该负的责任；二是说明德军还没有被敌人打垮，却遭到了后方叛徒的出卖。来自自由党的马克思·巴登亲王（Prince Max of Baden）当了德国首相，立即向威尔逊总统呼吁建立以"十四点原则"为基础的和平。这种分而治之的企图惹恼了英国和法国，但是，德国打"十四点原则"的牌是一大败笔。

德国出现了一系列变化，令人眼花缭乱。德国变成了君主立宪制国家（无论如何，理论上如此），鲁登道夫被他的对手威廉·格罗纳上将取代，德国公海舰队也出现了兵变。"全民动员"——唤醒德国大众战斗到最后的选项，经过辩论被否决。[100]大后方被搅得一团糟，军队里面也发生了兵变，1918年11月9日，格罗纳当面告诉德国皇帝，一切都结束了："陛下，你没有军队了。军队将和平有序地撤回国内，由它的领导人和指挥官率领，而不是听从陛下的指挥，因为它已经不是陛下的军队了。"[101]威廉皇帝被逼退位后逃往荷兰，一位社会民主党人弗里德里希·埃伯特（Friedrich Ebert）做了德意志共和国的总统。德国请求停火，两天后，停火协议在贡皮埃涅市（Compiègne）签署，西部战线的战斗结束了。

战争的后果

A
SHORT HISTORY OF
THE FIRST
WORLD WAR

《凡尔赛和约》及其影响

为第一次世界大战正式画上句号的那些和平解决方案，在历史上可以称其为最大胆的创举。1919年1月全世界的政治家齐聚巴黎那一刻，旧欧洲已经被彻底打碎：新成立的德意志共和国在风暴中挣扎求存；俄罗斯帝国已不复存在，新政权（与德国一样，这个新政权没有出席这次和平会议）在打一场艰难的内战；奥匈帝国已不复存在，在"一战"最后的几天里，其内部的各个小国，譬如捷克等纷纷独立；奥斯曼帝国也正在解体。此时正是重建欧洲的时机，虽然许多国家的代表出席了会议，但会议议程被"三巨头"控制，这"三巨头"即法国总理乔治·克莱蒙梭、英国首相大卫·劳合·乔治和美国总统伍德罗·威尔逊。威尔逊和克莱蒙梭各怀心思，尤其渴望抓住这个机会。此后上演的将是一场理想主义、务实政治和极端复杂的现实之间的冲突。

克莱蒙梭决心削弱德国的实力以确保法国安全，他只是部分达到了目的，1871年被德国攫取的阿尔萨斯和洛林现在又回到法国手中。克莱蒙梭要求莱茵兰从德国分离出来，成为独立国家，但是这一主张遭到劳合·乔治的反对，因为英国不希望看到法国过于强大。最后双方均做出让步，达成的妥协是：解除莱茵兰地区的全部武装，英法联军临时占领该地区。德国被迫支付巨额赔款（66亿英镑）赔偿协约国在战争中的巨大损失。1919年《凡尔赛和约》第231条规定：

德国承担德国及其盟友造成的所有损失，包括因为德国及其盟友发动侵略致使协约国军队和相应的政府及其国民所遭受的损失。[1]

德国陆军人员编制被限制在10万人以内，禁止德国军队拥有坦克和军用飞机，海军规模也被限制，并且禁止其配置现代化的战舰或者U型潜艇。奥地利、匈牙利、保加利亚和土耳其还单独签署了条约，这些条约规定：奥地利境内讲德语的人居住地不得并入德国版图；承认南斯拉夫成立——这是塞尔维亚在1914年就向往建立的国家，由塞尔维亚、黑山共和国以及前哈布斯堡的领地组成；打着新创建的国家联盟"托管"的名义，英国、法国获得了以前奥斯曼帝国在中东的领土。

伍德罗·威尔逊企图在"公证和包容"原则下，[2]重新建构世界模式，这样的雄心壮志注定要失望。威尔逊的原则是"人民的自我决定"，这一信条常常与略欠高尚的"国家安全原则"相抵触。苏台德区讲德语的居民被划归捷克斯洛伐克，使这个新的国家有了一条可以防御的边境线。德国被迫把"但泽走廊"地区交给重新建立的波兰，使波兰有了出海通道。威尔逊还有一个主张，即用"集体安全观"去替代过时的、导致了战争的安全观，结果很快不了了之，威尔逊自己的国家都拒绝加入国际联盟，而且没有哪个国家愿意冒险把自己的安全寄托在集体惩罚侵略者的行动上。但是，在许多新建立的国家眼中，威尔逊是一个"英雄"，这些国家把他当作它们的"助产士"。

《凡尔赛和约》使德国的土地面积大为缩水，也让德国喝下"战争罪责条款"的苦酒，但是较之于1918年德国作为胜利者强加给俄国新政权的条款仍显宽厚。如果要寻找真正对德国的"迦太基式和平"（Carthaginian peace），那就要看1945年的，而不是1918年的。第二次世界大战结束后，德国被占领，并且被它的敌人分成两个国家，当时的胜利者直接统治德国，德国社会体制也被重新构建。现在回过头来看，对1918~1919年问题的理想解决办法应该是：把德意志帝国之后的德国政府看成是这个国家的继承者，让德意志帝国承担之前的罪责，一切重新开始，欢迎年轻的魏玛共和国进入国际大家庭，这可以给予魏玛德国一个自强自立的难得机会。如果当时的环境允许人们公正考虑从长远看，怎么做才对欧洲安全最有利，那么上述假设的方案就有可能实现。遗憾的是，当时第一次世界大战刚结束，环境氛围还很狂热，人们无法开放地去思考。人们坚定地认为战争是德国引起的，这场战争使整个欧洲卷入其中，导致数百万人伤亡，人们要求"绞死德皇"，让德国赔偿损失。在这种环境下，想通过温和的、宽容的和平方式解决问题是办不到的。事实上，《凡尔赛和约》导致了人世间最坏的结果：吃到苦头的德国还有足够的力量实施报复。如果按照1945年的办法，1919年就给予德国严厉的约束以保障和平稳定，可能更明智一些。但是，协约国军队没有把战争打到德国本土，也没有对德国全境实行军事占领，协约国不可能强迫德国接受1945年那样的条件，即便当时有那样的政治意愿。

《凡尔赛和约》把惩罚性条款强加到德国身上，使第二轮敌视成为必然，这一点符合常理。福煦元帅直截了当地说："这不是和平，而是20年的停战。"[3]他的言论虽然后来证明是正确的，但当时很容易被看成是错误的。不到10年，《凡尔赛和约》就做了重大改变，改变对德国有利。1919年和约的一个主要问题是，战胜国没有强制执行和约的有关条款。当1923年德国没有履行赔偿义务时，法国军队进入鲁尔区，但是英国和美国拒绝支持法国。约翰·梅纳德·凯恩斯在《和平的经济后果》一书中对此进行了严厉批评。英美的这种行为开始使《凡尔赛和约》的信誉受到破坏，甚至就在签署和约的同一年，其合法性就受到破坏。到20世纪20年代末，英裔美籍学者中，已经有很多人相信对德国的处理有失公平，而且对德国试图修改《凡尔赛和约》的企图表示同情。

如果不顾事实而想当然地认为，20世纪30年代德国政府调整它的东部边界，或许甚至通过与波兰发生局部的、有限的战争不会引发全面冲突，于是得出《凡尔赛和约》"导致"了第二次世界大战的结论，未免太过于简单化了。如果1929年的"华尔街股灾"和随后发生的"大萧条"没有把世界历史推到一个新的方向，那么《凡尔赛和约》就有可能带来持续的和平。这次经济危机对魏玛共和国以致命打击，并使纳粹在竞选中获得了更多的支持。纳粹在1933年获得权力，也是由当时特殊环境造成的，包括对手失算。对手希望借助纳粹上台拔掉其獠牙，这是一步错棋。纳粹党首希特勒是一位"一战"老兵，他上台后立刻采取行动夺取权力，打垮了他的政敌。希特勒绝不是一个寻常的独裁者，他在思想上狂热推崇种族主义，对民主主义和马克思主义极端仇视，早就梦想向他的敌人发动一场残酷的征服战争，尤其是对犹太人和苏联人。结果希特勒开始了他的全球战争。无论从性质上还是从规模上，这场战争都不同于之前所推测的：德国是为了修改《凡尔赛和约》规定的国际边界而进行的与波兰的战争。[4]

短暂的20世纪

尽管不应该假设在《凡尔赛和约》与第二次世界大战爆发之间有可能找到前因后果的直接联系，但是1914年确实是一场长期战争的开端、一场意识形态斗争和世界动荡不安的开端。20世纪90年代，英国历史学家艾端克·霍布斯鲍姆（Eric Hobsbawm）把这个世纪叫作——"短暂的20世纪"，从1914年萨拉热窝事件开始，到1991年苏联巨变结束。[5]

这个"短暂的20世纪"，是一个既不同于以前又不同于以后的世纪。第一次世界大战使欧洲国家实力下降，格外值得注意的是美国以第一流大国的姿态走到台前。1918年这短暂的一瞬间，美国军队实力一跃而起，与其经济实力相匹配。1919年以后，虽然美国回到了它的孤立主义，但是第二次世界大战时人们看到美国再次很不情愿地挥剑上阵。"二战"德国和日本战败后，美国没有把这两个国家留待以后处理，并以无可争议的国家集团领导者身份出现，继续奉行伍德罗·威尔逊的思想。美国和其盟友与苏联展开了冷战，冷战于20世纪80年代达到高潮。

在20世纪90年代，一系列血腥的内战使南斯拉夫最终解体。正如1914年，外部势力被拖入巴尔干地区的冲突之中，这一次的外部势力是北大西洋公约组织，俄国在外交上起了关键作用。欧洲政治家和军方，也包括美国人在内，发现他们手里抓着的是第一次世界大战最棘手的遗产。

关于"一战"的最大悖论之一是主要战胜国之一的法国发现在1919年欧洲力量的平衡中，自己相对衰弱，而战败国德国从短期来看虽然被打败却可以看到事态朝着对它有利的方向发展。1919年战胜国联盟迅速解体，美国回到它的孤立主义，英国对继续保持战争期间的联盟没有兴趣，法国发现自己在欧洲大陆没有可靠的盟友。要找到一个替代沙皇俄国的盟友，法国试图通过与南斯拉夫、捷克斯洛伐克、罗马尼亚结成"小协约国"（Little Entente），以及通过与波兰的联盟来封锁德国，这不过是"一战"前各国联盟的复制品。奥匈帝国的瓦解使德国成了中欧势力最大的国家，不需太强的预见力就可以看到，如果德国恢复了它的军事实力，它就一定能控制由哈布斯堡帝国分裂出来的各个小国家。

战后：英国、德国、意大利

英国也不得不接受这种变化后的战略态势。表面上英国似乎比任何时候都要强大，但实际情况并非如此。1921年《华盛顿海军条约》（Washington Naval Treaty）结束了英国和美国海军之间的平等地位，反映出海上力量对比在发生倾斜。战争使英国耗费了大量财富，在一些新夺得的领地进行统治和派兵驻守不仅困难重重，而且代价十分高昂。英国的殖民地纷纷走向独立，对印度的统治开始变成一个需要解决的问题，英国军队将很快开赴美索不达米亚（伊拉克）平息大规模的叛乱。1914年大英帝国的势力范围现在问题百出，埃及出现大动荡，"爱尔兰独立战争"（1919~1921）致使爱尔兰一分为二，出现了南部爱尔兰自由邦与北爱尔兰，北爱尔兰6个县仍然属于英国。在英国国内，复员军人很快发现，与政治家们的承诺相反，刚结束战争的英国并不适合英雄们生存。经历了战时繁荣之后，失业率开始攀升，并在两次世界大战之间居高不下。各工会为改善会员的工作条件，出现大量工业领域的对抗。数以百万计的复员士兵、水手和航空兵归来，不可避免地引起社会动荡，出现了示威、骚乱和暴动。不过，复员军人闹事只是短暂的。停火后军队里纪律涣散，主要是因为军人普遍认为他们为做一项工作而入伍，现在任务完成了，即德国被打败了，他们的合同履行完毕。

在复员潮到来时，陆军元帅黑格被视为民族英雄，1919年在全国范围内进行了一次胜利之旅活动。值得关注的是，工党作为一个温和的政党，坚决致力于议会民主制，1918年获得了大选的胜利，成为主要的在野党。1924年和1929~1931年，工党继续组建少数派政府。英国非常迅速而又平稳地适应了战后世界形成的新格局，这个国家的政治掌握在保守党及其盟党手中。从某种程度上讲，英国民众因为战争取得了社会的进步。其他一些国家譬如法国、意大利和德国，激进的退伍老兵团体在政治上有很大势力，但在英国，这样的团体只作为慈善组织和饮酒俱乐部。黑格就是最大的退伍军人群体——英国退伍老兵协会（保守党机构）的会长。这是一个保守的组织，否则两次大战之间的英国政治就可能完全是另外一个样子。20世纪20~30年代，英国退伍老兵的待遇非常差，尤其是那些受伤的老兵，魏玛共和国则正好相反。可是就在其他欧洲国家对待老兵都不如德国的时候，德国老兵却起来反对这个政府。[6]在战争结束及其随后的几个月时间里，德国被左派和右派间的打斗搞得一塌糊涂。1919年1月，在柏林爆发了左派所谓的"斯巴达克起义"，大规模的罢工伴随着激烈的战斗。就在一年以后，德国首都又爆发了右翼的"卡帕政变"，企图夺取政权，虽然魏玛共和国未被推翻，但却因为危机，包括1923年的恶性通货膨胀，摇摇欲坠。

自由国家意大利是战争的牺牲品。"一战"对意大利造成的巨大损失以及经济受到的破坏，逐渐影响到其社会的凝聚力，削弱了政权的基础。意大利虽获得了一些领土，但它的盟友拒绝了其他领土要求，譬如阜姆港（Fiume）后来成了自由邦；达尔马提亚沿岸（Coast of Dalmatia）被划给新建立的国家南斯拉夫。失望的氛围和幻想的破灭，促使极端右翼民族主义"强人"、法西斯主义者本尼托·墨索里尼（Benito Mussolini）走上了新政党的党首位置。1922年，他在政治动乱中当上了意大利总理，1925年成了政府首脑。墨索里尼在"一战"中曾参军服役，现在他领导着一个新大众群体——极权主义政党。墨索里尼的追随者都穿着统一的黑色衬衣，这种创新受到希特勒的赞赏和模仿。

欧洲之外战争的遗产

奥斯曼帝国的解体对世界政治格局有深远的影响。协约国在两个不同的战场上分别与奥军和德军作战，有时候是交叉的，但确实是分开的。无论法国还是英国，作战的目标都是保护各自殖民地的安全，并通过牺牲奥斯曼帝国的利益扩大各自的势力范围。尽管1904年英国与法国之间签署了"友好协议"，但是两个国家依然是争夺殖民地的竞争对手。从1915年年底起，双方多次进行激烈谈判，最后在1916年3月，两国就瓜分奥斯曼帝国势力范围达成一致意见并签署了协议。战争期间的第三个主要协约国成员俄国，遵守英法达成的这一协议。后来该协议用主要谈判者的名字，即以谈判代表马克·塞克斯（Mark Sykes）爵士与弗朗索瓦-乔治·皮科（François-George Picot）命名，也就是后来人们所称的《塞克斯—皮科协议》（Sykes-Picot agreements）。按照《塞克斯—皮科协议》，大体上划定叙利亚和黎巴嫩归法国，美索不达米亚和巴勒斯坦归英国。1917年，英国发表的《巴尔弗宣言》（Balfour Declaration）使情况变得复杂起来，该宣言呼吁犹太人支持英国，声明"国王陛下的政府希望看到在巴勒斯坦建立犹太人的民族家园"。[7]巴尔弗承认这一"旗帜鲜明的政策"有点草率，而且承认，用大卫·雷诺兹（David Reynolds）的话来说，英国发现自己处于"中东巨大的混乱"之中。[8]T.E. 劳伦斯和费萨尔王子代表独立的阿拉伯国家出席了"巴黎和会"，但他们却失望地离去。阿拉伯民族主义兴起、以色列国家的最终建立，这些情况至少部分是在第一次世界大战期间或之后，在中东的重新构建中埋下的种子。

20世纪20年代初期，在穆斯塔法·凯末尔的领导下，一个强大的、以单一土耳其人为核心的国家从瓦解的奥斯曼帝国中脱颖而出。穆斯塔法·凯末尔作为指挥官在1915年加利波利战争中表现出色，后来又在希腊与土耳其的战争中（1919~1922）战功卓著。阿塔图尔克[①]创建的这个世俗国家是一大成功。这个国家完全能够在国际舞台上保持自己的独立地位，因此达达尼尔海峡和伊斯坦布尔留在了土耳其手中。温斯顿·丘吉尔渴望把土耳其作为盟友拉入第二次世界大战，阿塔图尔克（于1938年去世）的继任者保持了土耳其的中立，但是"二战"后，土耳其成为北大西洋公约组织的南边堡垒。

在美国，理想破灭感在过去的几年间迅速扩散。许多美国人开始相信美国是被狡猾的英国人宣传欺骗去参与战争的，或者说是被武器制造商和银行家的阴谋诡计所骗。[9]甚至很多美国人

---

① 阿塔图尔克（Atatürk），1934 年，土耳其国会向凯末尔赐予"Atatürk"一姓，在土耳其语中，"Ata"就是父亲，"Atatürk"就是"土耳其之父"之意。——编者译

坚信，从某种程度上美国被剥夺了合法的胜利果实。但实际情况是，从战争中走出来的美国，比它参与战争时强大多了。渐渐地，美国的精英们开始不安地注视着另一个正在崛起的大国——日本。在第一次世界大战中，日本作为英国的盟友起到的作用微乎其微，但日本得到的好处比其所尽的义务要多得多。日本的贸易和经济在不断增长，它还获得了太平洋地区德国以前的殖民地。1915年，日本提出"二十一条"，加大了其在中国的非正式殖民地的攫取力度。第一次世界大战结束时，日本毫无疑问已经成为一个大国。此后的20年，日本在从"一战"中获得动力的基础上，通过推行扩张政策不断壮大。日本的扩张政策，导致了后来与中国以及与美国的战争。美国扔在广岛和长崎的原子弹是第一次世界大战的遗产，这一说法并不离谱。

第二次世界大战[10]

从第一次世界大战起，一代人之后再将爆发的世界大战把各方面均提高到一个新的水平。第二次世界大战中的许多政治和军事领导人，都曾在"一战"期间担任过初级军官职务。希特勒、墨索里尼任过步兵士官，苏联的乔治·朱可夫将军在沙皇骑兵团任士官。还有一些人，如温斯顿·丘吉尔作为高级官员经历过"一战"，富兰克林·D. 罗斯福"一战"时期任美国海军助理部长。所有这些国家和领导人在准备与参与20世纪30年代、40年代的战争中，都会以他们在1914~1918年的战争经验做指导。"一战"时期，英国在西线遭受的重大伤亡在它的心灵上留下了深深的创伤，对于法国更是如此。把战争作为国家政策的工具，极大地败坏了国家的声誉，没有人愿意再看到战争。1939年和1940年初，法国和英国的战略是基于这样一个原则：避免直接进攻德国。马其诺防线作为1914~1918年"一战"期间战壕的最新和最复杂的翻版，建立的目的是在做全面战争动员期间为两个国家提供保护。

英国和法国的这种策略给他们带来了灾难性的失败，加之英国被德军从敦刻尔克赶走，使丘吉尔和他的将领们明确表示不愿意冒险参与伤亡规模可能像索姆河战役那样的战争。英国当时已有实力在地中海地区展开外围作战，这在1914~1918年的"一战"期间是无法做到的。如果这样做，英军的战略轰炸和突击队作战的代价就相当低。1941年6月以后，英国的这一战略得到了苏联红军的支援。这时候的苏联红军承担了在1914~1918年间英法军队所承担的角色，即在消耗战中牵制和消耗德军。尽管苏联红军使用的是纵深作战，这是一种高效的运动战形式。英国这种建立在第一次世界大战经验基础上的作战策略，导致了与美国的一系列尖锐冲突。自1941年12月之后，美国已经成为英国的主要盟友。美国军队在1918年的军事行动相对较少，但部队的损失相对来说还是很大。不过美军集中兵力直接进攻的战略思想没有改变，到1944年6月盟军在诺曼底登陆，美国的这种作战思想胜过了帕斯尚尔战役经验而被普遍接受。在后来欧洲西北战役（1944年6月至1945年5月）中，英国的忧虑部分得到了印证：从比例上说，英军在这次战役中的损失高于"一战"中的西线，但由于投入的兵力比1916~1918年少很多，因此总的损失小得多。

特别是在丘吉尔1940年5月担任首相以后，英国把从"一战"中学到的关于进行全面战争的经验成功地运用到"二战"中，从一开始就集中监管男女劳动力的配置，避免了1914~1915年的混乱。丘吉尔与劳工组织结成的联盟起到了至关重要的作用。欧内斯特·贝文（Ernest Bevin）作为英国当时十分有影响力的工会领导人，出任丘吉尔联合政府劳工和国民兵役大臣。他当年是反对政府的，现在却担任了政府要员，并且在英国战事方面是仅次于丘吉尔的第二号关键人物。与1914~1918年间不同，"二战"中食物定量配给从战争开始就实行了。除苏联外，英国全面战争动员比任何其他国家都要彻底。正如英国所做的，战时让平民百姓相对吃好、健康和满意，是一项惊人的成就；与此同时，按照战时指令经济的要求不断给百姓加大工作量，他们还不断遭受空中轰炸，往往有时还非常猛烈。

虽然法国和佛兰德的战斗在1918年11月就停止了，但东线的冲突仍在继续。在俄国，内战与1919~1921年的俄国—波兰战争交织在一起。1920年，俄军攻到华沙郊外，被波兰军队打退，波兰取得战争的胜利，之后波兰把边境向东扩展。

让人吃惊的是，德国并没有从1914~1918年的全面战争中很好地吸取教训，在英国还没有被完全打败的情况下就去攻打苏联，可以肯定的是德国不得不再一次进行两线作战。德国战时的经济在组织方面经常是混乱的，这在一定程度上与纳粹政权的性质有关。纳粹支持不同权力中心之间的竞争和重叠，这是一种"分而治之"的政策，旨在防止对领导层的挑战。德国进行的

"一战"和"二战"有一个明显的连续性因素，那就是建立庞大的欧洲帝国。在这两场战争中，德国对其占领的领土都进行了经济开发。然而，"一战"时期，德国对待征服地的人们非常苛刻，而"二战"时期德国更是采用野蛮的种族灭绝政策，如1944年8月摧毁法国的一座村庄，屠杀该地居民。这种暴行可以说是把它在"一战"时期的恐怖政策发挥到了极致。对犹太人、斯拉夫人还有其他种族人和政敌进行大规模屠杀，是纳粹残暴的升级。德皇时期的德国偶尔也在它的殖民地实施种族灭绝政策，尽管对欧洲占领区的人们也是残酷的，甚至是血腥的，但与"二战"时的德国相比，不可相提并论。的确，"一战"时期，在欧洲东部德国占领区的犹太人，假如他们落入反犹太人的沙皇俄国手里，他们受到的待遇都会比落到德国人手里好。

从表面上看，第二次世界大战的作战方式好像与第一次世界大战有很大不同，至少德国对英国发动的"闪电战"就是这样，已经完全不是"一战"时期拉锯式的堑壕战了。这种观点包含一些真实性，但它容易掩盖两次战争之间的持续性。有些持续性是容易看出来的，无论是"一战"还是"二战"，在西部战场上，英国、法国及其盟国的胜利都是凭借海上力量，尤其是商船运送物资、部队和装备抵达全球各地的能力。德国也像"一战"一样，在"二战"中使用U型潜艇扰乱海上运输。潜艇、商船及其护航舰船之间的战斗从第二次世界大战开始一直持续到战争结束。这种战斗是更大程度上的消耗战的一部分。再从经济的、社会的和政治的角度来看，反德同盟再次证明比对手更具有持久力。

第二次世界大战与第一次世界大战在表面上有一点明显不

同：第二次世界大战使用轰炸机袭击平民，虽然这种情况在"一战"中也发生过，但在规模上大不一样。"二战"中，英美军队，尤其是英军对轰炸的依赖程度与"一战"时期相比也大相径庭。实际上，"二战"中使用的空中地毯式轰炸，是"一战"空战方式的发展，具体来说在两个方面有了长足进步：一是飞机和武器更加先进和高端；二是针对老百姓的饥饿封锁战略在"二战"中得到升级，变成了精心策划的对平民人身的打击。

"一战"中，一种特殊情况导致了战场上的僵持，第二次世界大战早期也出现了一种情况致使战争速战速决。概括地说，"一战"时期，在西部战线上，德国及其对手英国和法国，在"战斗力"方面（武器、战术、部队士气、纪律等），双方势均力敌，这就导致了堑壕战僵局。1940年，以德国为核心的轴心国比反法西斯同盟有明显优势，加之运气在它一方，因此仅6周的战斗就打败了法国。然而，到1942年，德军的对手极大地缩小了这一差距，结果战斗时间拖得更长，变成了拉锯的消耗战。有些战斗与1914~1918年西线时不同，还是属于运动战，因为1939~1945年的技术使之成为可能。"二战"中有些战役陷入僵局，有时候一次僵局持续数月，是"一战"堑壕战的升级版，这些战役包括：1941年的托布鲁克之战（Battle of Tobruk），1942~1943年的斯大林格勒保卫战，1944年的蒙特·卡西诺之战（Battle of Monte Cassino）、诺曼底和英帕尔之战（Battle of Imphal）以及1945年的硫黄岛之战（Battle of Iwo Jiwa）。"二战"中，许多士兵发现当时的战况与父辈们"一战"所经历的极为相似，只是他们手中的武器比"一战"时期的强大得多，战斗持续的时间长得多，在某些方面作战的规模更大，当然伤亡也比"一战"更大。基于上述原因，这样的战役没有发生在英国。

尽管有时候人们认为第一次世界大战在战争发展史上是异常行为，但事实上它确实是一个转折点。在"一战"中，新式武器如坦克、化学药剂等用于战争，原来已有的武器如机枪、潜艇等的使用都发挥到极致。当时由大炮、飞机和无线电构成的三位一体战，是实实在在地迈出了革命性的一步，是使用至今的典型战法的萌芽。从这个角度看，第一次世界大战是第一次真正意义上的现代战争。

已改变的世界

我们几乎无法想象，如果没有第一次世界大战，今天这个世界会是什么样子。打一个比方："一战"使太多的河流突然改道或被阻断，也使许多河流重新流淌。将这个比喻换一种说法，1914~1918年的这场大战"就像可怕的火山爆发……这场人为大祸留下的痕迹无处不在"。[11]战争改变了历史，不管是好是坏，我们为"一战"举行纪念活动，不管是为了纪念还是哀悼一个世纪前战争中的亡灵，世界版图重组、作战方法巨变、美国称霸全球、中东纷扰不断、今日世界格局等，都在很大程度上离不开第一次世界大战——那场因1914年6月28日奥匈帝国皇储弗朗茨·斐迪南大公被刺而触发的世界大战。

注 释

序言

1 Hew Strachan（2009），'Into History'，*Journal of the Royal United Services Institute*［*JRUSI*］Vol. 154，No.4，p.5.

2 The views of Professor Niall Ferguson，actually first propounded in 1997–8（！）were widely reported in January 2014：'Britain entering FirstWorldWar was "Biggest error in modern history"'，*Guardian*，30 Jan. 2014. For rebuttals of this view，see Gary Sheffield，'It was a Great War. One that saved Europe'，*The Times*，1 Feb. 2014 and Sir Michael Howard，letter，*The Times*，3 Feb. 2014.

3 *Guardian*，21 May 2013，accessed 22 Nov.2013.

4 Tweets from @_paullay，22 May 2013.

第1章

1 David Lloyd George，*War Memoirs*，abridged edition，Vol. II（London：Odhams，c.1938），pp.33–34.

2 Quoted in Annika Mombauer，*The Origins of the First World War: Controversies and Consensus*（Harlow：Pearson，2002），p.85.

3 Christopher Clark，*The Sleepwalkers: How Europe Went to War in 1914*（London：Penguin，2013［2012］），p.56；Richard J. Evans，'Michael Gove's History Wars'，*Guardian*，Review section，13 July 2013，pp.3–4；Margaret MacMillan，*The War that Ended Peace*（London：Profile，2013），p.605，but see also p.xxxi.

4 Simon Griffith，review of *The Sleepwalkers*，*Daily Mail*，12 Nov. 2012.

5 Holger Herwig，review，http：//www.historynet.com/mhq-reviews-was-there-a-crime-in-the-tragedy-of-the-great-war.htm，7 May 2013，

accessed 22 Nov. 2013.

6 Quoted in Gary Sheffield, *Forgotten Victory: The First World WarMyths and Realities* (London: Headline, 2001), p.26.

7 Quoted in C.J. Lowe and M.L. Dockrill, *The Mirage of Power* Vol. I : *British Foreign Policy 1902-14* (London: Routledge & Kegan Paul, 1972), p.59.

8 John Keiger, 'CrossedWires, 1904-14', in Robert Tombs and Emile Chabal (eds.), *Britain and France in Two World Wars* (London: Bloomsbury, 2013), pp.39-41.

9 Vernon Bogdanor, 'Diplomacy: Sir Edward Grey and the Crisis of July 1914', lecture screened on BBC Parliament channel, 5 Oct. 2013.

10 Bogdanor, 'Diplomacy'; William Mulligan, *The Origins of the First World War* (Cambridge: Cambridge University Press, 2010), pp.81-82.

11 Bogdanor, 'Diplomacy' .

12 Richard C. Hall, 'Serbia', in Richard F. Hamilton and Herger H. Herwig, *The Origins of World War I* (Cambridge: Cambridge University Press, 2003), p.102.

13 D.C.B. Lieven, *Russia and the Origins of the First World War* (London: Macmillan, 1983), pp.46, 49.

14 Paul W. Schroeder, 'Stealing Horses to Great Applause: AustriaHungary's Decision in 1914 in Systemic Perspective' in Holger Afflerbach and David Stevenson, (eds.), *An Improbable War? The Outbreak of World War I and European Political Culture Before 1914* (NewYork: Berghahn, 2007), pp.28-32.

15 Frank McDonough, *The Origins of the First and Second World Wars* (Cambridge: Cambridge University Press, 1997), p.33.

16 McDonough, *Origins*, p.36.

17 Holger Afflerbach, 'The Topos of Improbable War in Europe Before 1914', in Afflerbach and Stevenson, *Improbable War?* , pp.161-82.

18 Norman Angell, *The Great Illusion*, quoted in J.D.B. Miller, 'Norman Angell and Rationality in International Relations', in David Long and

Peter Wilson, *Thinkers of the Twenty Years Crisis: Inter-War Idealism Reassessed* (Oxford: Clarendon Press, 1995), pp.104-05; I.S. Bloch, *Is War Now Impossible?* (London: Grant Richards, 1899).

19 Hall, 'Serbia', pp.106-8.

20 Clark, *Sleepwalkers*, pp.56-58. I am grateful to Dr Sean Lang for allowing me to see an unpublished paper that has informed my ideas on this subject. See also Lieven, *Russia*, pp.139-40.

21 Luigi Albertini, *The Origins of the War of 1914*, Vol. II (NewYork: Enigma Books, 2005 [1952]), p.82.

22 This paragraph draws upon the work of Günther Kronenbitter, quoted in Annika Mombauer, 'The First World War: Inevitable, Avoidable, Improbable or Desirable? Recent Interpretations on War Guilt and the War's Origins', *German History* Vol. 25 No.1 (2007), pp.83-84.

23 Gordon Martel, *The Origins of the First World War* (London: Longman, 1996), p.79.

24 Richard F. Hamilton and Herger H. Herwig, *Decisions for War, 1914-1917* (Cambridge: Cambridge University Press, 2004), p.62.

25 Quoted in Martel, *Origins*, p.100.

26 Quoted in Mombauer, 'The First World War', p.84.

27 Albertini, *Origins*, II, pp.193, 290-91.

28 Mombauer, 'The First World War', p.94.

29 The English title was the more mundane *Germany's Aims in the First World War* (NewYork: Norton, 1967).

30 Fritz Fischer, *War of Illusions: German Policies from 1911 to 1914* (NewYork: Norton, 1975).

31 Fritz Fischer, *World Power or Decline: The Controversy over Germany's Aims in the First World War* (NewYork: Norton, 1974), p.84.

32 This was the view of Fischer's great adversary Gerhard Ritter, quoted in Mombauer, *Origins*, p.144.

33 JamesJoll, 'The 1914 Debate Continues: Fritz Fischer and his Critics', in H.W. Koch, *The Origins of the First World War* (London:

Macmillan, 1984 [1972]), p.35.

34 Fischer, *World Power or Decline*, p.viii.

35 See however John Röhl's magisterial *Wilhelm II : Into the Abyss of War and Exile, 1900–1941* (Cambridge: Cambridge University Press, 2014), p.911, which makes a powerful case that 'the military–political–discussions' of 8 December 1912 'finally led to Armageddon in the summer of 1914'.

36 Mark Hewitson, *Germany and the Causes of the First World War* (Oxford: Berg, 2004), pp.3–4, 228–89. Hewitson sees the German leadership as acting from a sense of confidence rather than 'weakness and despair' (p.228).

37 My ideas in this paragraph have been particularly informed by Hewitson, *Germany*, Herwig, 'Germany' and Strachan, *The First World War* Vol. I , *To Arms* (Oxford: Oxford University Press, 2001), pp.86–91.

38 Herwig, 'Germany', pp.178–85.

39 Herwig, 'Germany', p.187; Niall Ferguson, *The Pity of War* (London: Allen Lane, 1998), pp.98–101.

40 For details, see Rich, 'Russia', pp.212–14.

41 Quoted in Martel, *Origins*, p.101.

42 For the view that Russian aggression was a major factor in launching the war, see Sean McMeekin, *The Russian Origins of the First World War* (Cambridge, MA: Belknapp Press, 2011). For a convincing counterview that stresses Russia's deterrent stance, see Ronald P. Bobroff, 'War accepted but unsought: Russia's growing militancy and the July Crisis, 1914' in Jack S. Levy and John A. Vasquez, *The Outbreak of the First World War* (Cambridge: Cambridge University Press, 2014).

43 Lieven, *Russia*, pp.142–44.

44 Quoted in Albertini, *Origins*, Vol. I , p.413.

45 John F.V. Keiger, *France and the Origins of the First World War* (New York: St Martin's Press, 1983), pp.165–86; Eugenia C. Kiesling, 'France', in Hamilton and Herwig, *Origins*, p.234.

46 Martel, *Origins*, pp.80-1, 106.

47 For Britain's entry into the War, see Keith Wilson, 'Britain', in Keith Wilson (ed.), *Decisions for War* (New York: St Martin's Press, 1995).

48 These arguments are summarised in Mombauer, *Origins*, pp.191-6; Mombauer is moderately sympathetic to Grey.

49 Nigel Biggar, 'Was Britain Right to Go to War in 1914'? *Standpoint*, Sept. 2013, http: //standpointmag.co.uk/node/5143

50 Sheffield, *Forgotten Victory*, pp.33-40.

51 David Stevenson, *Armaments and the Coming of War: Europe 1904-1914* (Oxford: Oxford University Press, 1996), p.40; in general, James Joll and Gordon Martel, *The Origins of the First World War* (Harlow: Pearson, 2007).

52 Holger H. Herwig, 'Germany', in Hamilton and Herwig *Origins*, p.168.

53 David Stevenson, *1914-18: The History of the First World War* (London: Allen Lane, 2004), p.41.

第2章

1 In Chapters 2 to 5, unless otherwise stated, details of operations and statistics are drawn from: Spencer C. Tucker, *The Great War 1914-18* (London: UCL Press, 1998); Cyril Falls, *The First World War* (London: Longmans, 1960); Michael Howard, *The First World War* (Oxford: Oxford University Press, 2002); John Ellis and Michael Cox, *The World War I Data Book* (London: Aurum Press, 2001); Lawrence Sondhaus, *World War One: The Global Revolution* (Cambridge: Cambridge University Press, 2011); and John Horne (ed.), *A Companion to World War I* (Chichester: Wiley-Blackwell, 2012).

2 Hew Strachan, *European Armies and the Conduct of War* (London: Allen and Unwin, 1983), pp.108-11.

3 Robert A. Doughty, 'France', in Richard F. Hamilton and Holger H. Herwig, *War Planning 1914* (Cambridge: Cambridge University Press,

2010), p.159.

4 Quoted in Annika Mombauer, 'German War Plans', in Hamilton and Herwig, *War Planning*, p.57.

5 Annika Mombauer, *Helmuth von Moltke and the Origins of the First World War* (Cambridge: Cambridge University Press, 2001) .

6 Holger Afflerbach, 'Planning Total War? Falkenhayn and the Battle of Verdun, 1916', in Roger Chickering and Stig Förster, (eds), *Great War, Total War: Combat and Motivation on the Western Front, 1914– 1918* (Cambridge: Cambridge–University Press, 2000), pp.118-9.

7 For important background see Robert T. Foley (editor and translator), *Alfred yon Schlieffen's Military Writings* (London: Cass, 2003), pp.xv–12.

8 See Terence Zuber, *The Real German War Plan: 1904–14* (Stroud: History Press, 2011) .

9 Robert A. Doughty, *Pyrrhic Victory: French Strategy and Operations in the Great War* (Cambridge, MA: Belknapp Press, 2005), p.67.

10 Gary Sheffield and Stephen Badsey, 'Strategic Command', in Jay Winter (ed.), *The Cambridge History of the First World War* Vol. I (Cambridge: Cambridge University Press, 2014), pp.390–91.

11 Dennis E. Showalter, 'War in the East and Balkans, 1914–18' in Horne, *Companion*, p.66.

12 Dennis E. Showalter, *Tannenberg: Clash of Empire, 1914* (Dulles, VA: Brassey's, 2004 [1991]), pp.229-30.To be fair to the Russians, this was a besetting sin of all armies at this period of the Conflict.

13 Dennis E. Showalter, 'The East Gives Nothing Back: The Great War and the German Army in Russia', *Journal of the Historical Society*, II , 1, (2002), p.5.

14 The best source on the war at sea is Paul G. Halpern, *A Naval History of World War I* (London: UCL Press, 1994) .

15 Jonathan Reed Winkler, *Nexus: Strategic Communications and American Security in World War I* (Cambridge, MA: Harvard University

Press, 2008), pp.5–6.

16 Paul G. Halpern, 'The War at Sea', in Home, *Companion*, pp.142, 145.

17 John Buckley, *Air Power in the Age of Total War* (London: UCL Press, 1999), p.50.

18 Walter J. Boyne, *The Influence of Air Power Upon History* (Gretna, LA: Pelican, 2003), pp.80–81.

19 Buckley, *Air Power*, p.53.

20 Jonathan Krause, *Early Trench Tactics in the French Army: The Second Battle of Artois May–June 1915* (Farnham: Ashgate, 2013), p.4.

21 Gary Sheffield, *Forgotten Victory: The First World War–Myths and Realities* (London: Headline, 2001), pp.101–2, 106–7.

22 Albert Palazzo, *Seeking Victory on the Western Front: The British Army and Chemical Warfare in World War I* (Lincoln, NE: University of Nebraska Press, 2000), pp.76–77.

23 J.E. Edmonds, *Military Operations: France and Belgium, 1915* Vol. II (London: Macmillan, 1928), pp.115–18.

24 Jehuda L. Wallach, *The Dogma of the Battle of Annihilation: The Theories of Clausewitz and Schlieffen and Their Impact on the German Conduct of Two World Wars* (Westport, CT: Greenwood, 1986).

25 Gary Sheffield, *The Chief: Douglas Haig and the British Army* (London: Aurum, 2011), pp.118–22.

26 William Philpott, *Bloody Victory: The Sacrifice on the Somme and the Making of the Twentieth Century* (London: Little, Brown, 2009), p.555.

27 Graydon A. Tunstall, *Blood on the Snow: The Carpathian Winter War of 1915* (Lawrence, KS: University Press of Kansas, 2010), pp.210–11.

28 Richard DiNardo, *Breakthrough: The Gorlice–Tarnow Campaign 1915* (Santa Barbara, CA: Praeger, 2010), pp.138–42.

29 Robin Prior, *Gallipoli: The End of the Myth* (New Haven: Yale University Press, 2010 [2009]), pp.249–52.

30 The best source for the Italian Front is MarkThompson, *The White*

War: Life and Death on the Italian Front 1915–1919（London: Faber and Faber, 2008）.

31 Lawrence Sondhaus, *World War One: The Global Revolution*（Cambridge: Cambridge University Press, 2011）, p.158.

第3章

1 Robert T. Foley, *German Strategy and the Path to Verdun*（Cambridge: Cambridge University Press, 2011）, pp.187–208, 212.

2 Sheffield, *The Chief*, pp.167–68, 171–73.

3 Falls, *First World War*, p.196.

4 Timothy C. Dowling, *The Brusilov Offensive*（Bloomington, IN: Indiana University Press, 2008）, pp.90–91.

5 T.J. Mitchell and G.M. Smith, *Medical Services: Casualties and Medical Statistics of the Great War*（London: HMSO, 1931）, pp.252–55.

6 See Andrew Gordon, *The Rules of the Game: Jutland and British Naval Command*（London: John Murray, 1996）.

7 Stevenson, *1914–1918*, p.223.

第4章

1 Quoted in Sheffield, *The Chief*, p.216.

2 See Paul Strong and Sanders Marble, *Artillery in the Great War*（Pen and Sword: Barnsley, 2011）.

3 Jonathan Bailey, *The First World War and the Birth of the Modern Style of Warfare*（Camberley: Strategic and Combat Studies Institute Occasional Paper No.22, 1996）.

4 Anthony Clayton, 'Robert Nivelle and the French Spring Offensive of 1917' in Brian Bond（ed.）, *Fallen Stars: Eleven Studies of Twentieth-Century Military Disasters*（London: Brassey's, 1991）, p.56.

5 Elizabeth Greenhalgh, *Victory Through Coalition*（Cambridge: Cambridge University Press, 2005）, pp.146–47.

6 Robert Doughty, *Pyrrhic Victory: French Strategy and Operations in the Great War* (Cambridge, MA: Belknapp Press, 2005), pp.324-26, 335-52; Clayton, 'Robert Nivelle', pp.57-62.

7 Doughty, *Pyrrhic Victory*, pp.361-64; Leonard V. Smith, *Between Mutiny and Obedience: The case of the French Fifth Infantry Division During World War I* (Princeton, NJ: Princeton University Press, 1994), pp.175-214 (quote from soldier's letter is from p.188).

8 Andrew A. Wiest, 'Haig, Gough and Passchendaele' in G.D. Sheffield (ed.), *Leadership and Command: The Anglo-American Military Experience since 1861* (Brassey's, 1997), pp.77-86.

9 Sheffield, *Forgotten Victory*, pp.208-13.

10 Richard Holmes, *The Western Front* (London: BBC, 1999), p.174.

11 Dennis Showalter, 'Passchendaele' in Dennis Showalter (ed.), *History in Dispute*, Vol. 8 *World War I* (Detroit: St James Press, 2004), p.224.

12 Quoted in Jack Sheldon, *The German Army at Passchendaele* (Barnsley: Pen & Sword, 2007), pp.315-16.

13 Charles Harington, *Tim Harington Looks Back* (John Murray, 1940), pp.63-64.

14 Charles Carrington, *Soldier From the Wars Returning* (London: Arrow Books, 1970), p.101.

15 Ernst Jünger, *The Storm of Steel* (London: Constable, 1994), p.51.

16 H.A. Foley, Somerset Light Infantry, quoted in Tom Donovan (ed.), *The Hazy Red Hell: Fighting Experiences on the Western Front 1914-18* (Staplehurst: Spellmount, 1999), p.58.

17 Peter Simkins, *World War I: The Western Front* (London: Tiger Books, 1991), pp.82-85.

18 J.M. Bourne and Bob Bushaway (eds.), *Joffrey's War: A Sherwood Forester in the Great War* (Beeston: Salient Books, 2011), pp.191-92.

19 Simkins, *World War I*, pp.82-85.

20 Bryn Hammond, *Cambrai 1917: The Myth of the First Great Tank*

Battle (London: Weidenfeld & Nicolson, 2008), pp.31–39, 113.

21 Quoted in Sondhaus, *World War One*, p.250.

22 Mark Thompson, *The White War: Life and Death on the Italian Front 1915–1919* (London: Faber and Faber, 2008), pp.294–324 (quote from p.313).

23 Matthew Hughes, *Allenby and British Strategy in the Middle East* (London: Frank Cass, 1999), pp.27–30.

24 John H. Morrow, Jr., *The Great War in the Air: Military Aviation from 1909 to 1921* (Shrewsbury: Airlife, 1993), p.367.

25 Richard Hallion, *Strike from the Sky: The History of Battlefield Air Attack, 1911–1945* (Washington, DC: Smithsonian Institute Press, 1989), pp.19–21.

26 Halpern, 'War at Sea', pp.150–52.

27 V.E. Tarrant, *The U–Boat Offensive 1914–1945* (London: Arms & Armour Press, 1989), p.49.

28 Sondhaus, *World War One*, p.287.

第5章

1 This section is a revised version of a piece that first appeared on the British Library website: http: //www.bl.uk/world–war–one/articles/military–discipline

2 This definition is informed by Gary Sheffield, *Leadership in the Trenches: Officer–Man Relations, Morale and Discipline in the British Army in the Era of the First World War* (Basingstoke: Macmillan, 2000) and Andrew Houghton and Richard Holmes, 'Discipline', in Richard Holmes (ed.), *The Oxford Companion to Military History* (Oxford: Oxford University Press, 2001), p.261.

3 Eric Hobsbawm, quoted in Sheffield, *Leadership in the Trenches*, p.70.

4 Gerard Christopher Oram, *Military Executions During World War I* (Basing, stoke: Palgrave, 2003), p.18.

5 Sheffield, *Leadership in the Trenches*; Alexander Watson, *Enduring*

the Great War: Combat, Morale and Collapse in the British and German Armies, 1914–1918 (Cambridge: Cambridge University Press), pp.108–39.

6 David T. Zabecki, *The German 1918 Offensives: A case study in the operational level of war* (London: Routledge, 2006), pp.172–73.

7 Quoted in Sheffield, *The Chief*, p.283.

8 Quoted in Michael S. Neiberg, *The Second Battle of the Marne* (Bloomington, IN: Indiana University Press, 2008), p.185.

9 Robin Prior and Trevor Wilson, *Command on the Western Front* (Oxford: Blackwell, 1992), p.314.

10 Quoted in Sheffield, *Forgotten Victory*, p.239.

11 Sheffield, *The Chief*, p.323; Elizabeth Greenhalgh, *Foch in Command* (Cambridge: Cambridge University Press, 2011), pp.441–442.

12 Michele Bomford, *Beaten Down By Blood: The Battle of Mont Quentin-Péronne 1918* (Newport, NSW: Big Sky Publishing, 2012), p.228.

13 See Jonathan Boff, *Winning and Losing on the Western Front: The British Third Army and the Defeat of Germany in 1918* (Cambridge: Cambridge University Press, 2012) for an excellent analysis of the experiences of the British and German armies in 1918.

14 David F. Trask, *The AEF and Coalition Warmaking 1917–18* (Lawrence, KS: University Press of Kansas, 1993), pp.161–62.

15 For a sophisticated recent assessment of the AEF in action, see the conclusions to Mark Ethan Grotelueschen, *The AEF Way of War: The American Army and Combat in World War I* (Cambridge: Cambridge University Press, 2007), pp.343–64.

16 Sheffield, *The Chief*, pp.331.

17 See Sheffield, *The Chief*; Andrew A. Wiest, *Haig: The Evolution of a Commander* (Washington, DC: Potomac Books, 2005) . For a modern book that updates the traditional, unfavourable view of Haig, see J.P. Harris, *Douglas Haig and the First World War* (Cambridge: Cambridge University Press, 2008) .

18 There is an informative website dedicated to Lawrence studies: http: // www.telstudies.org/.

19 Morrow, *Great War in the Air*, p.221.

20 Christopher Luck, 'The Smuts Report: Interpreting and Misinterpreting the Promise of Air Power', in Gary Sheffield and Peter Gray (eds.), *Changing War: The British Army, the Hundred Days Campaign and the Birth of the Royal Air Force*, 1918 (London: Bloomsbury, 2013), p.161.

21 Both quoted in Morrow, *Great War in the Air*, p.322.

22 Buckley, *Air Power*, p.58.

23 Edward Warner, 'Douhet, Mitchell, Seversky: Theories of Air Warfare', in Edward Mead Earle, *Makers of Modern Strategy* (Princeton: Princeton University Press, 1943), p.494.

24 Hallion, *Strike*, pp.29–32.

第6章

1 Jeremy Black, *The Age of Total War 1860–1945* (Westport, CT: Praeger, 2006), p.5.

2 Based on the table in Jay Winter, 'Demography', in John Horne (ed.), *Companion to World War I* (Chichester: Wiley–Blackwell, 2012), p.249 (figures rounded up or down for convenience) .

3 Recent research has suggested the death toll figure might be as high as 10 million: http: //www.telegraph.co.uk/history/world–warone/10577200/ WW1–dead–and–shell–shock–f igures–signif icantly–underestimated.html.

4 Alan Kramer, *Dynamic of Destruction: Culture and Mass Killing in the First World War* (Oxford: Oxford University Press, 2007), p.2.

5 Based on tables in Jeffrey Grey, *A Military History of Australia* (Cambridge: Cambridge University Press, 1990), p.119 and *table in Statistics of the Military Effort of the British Empire During the Great War 1914–1920* (London: HMSO, 1922), p.237 (figures rounded up or down for convenience) .

6 Michael Clodfelter, *Warfare and Armed Conflict: A Statistical Reference*

to Casualty and Other Figures, 1500–2000 (Jefferson, NC: McFarland, 2002), p.479.

7 Ellis and Cox, *World War I Databook*, pp.269–70; Leo Grebler and Wilhelm Winkler, *The Cost of the World War to Germany and Austria-Hungary* (New Haven, CT: Yale University Press, 1940), p.147; Samuel Dumas and K.O. Vedel-Petersen, *Losses of Life Caused by War* (Oxford: Clarendon Press, 1923), p.165; Jay Winter, 'Surviving the War', in Jay Winter and Jean-Louis Robert, *Capital Cities at War: Paris, London, Berlin 1914–1919*, Vol. I (Cambridge: Cambridge University Press, 1999 [1997]), pp.519–20. Winter stresses the figure for Germany is 'a very rough and conservative estimate'.

8 'Introduction' to John Crawford and Ian McGibbon (eds.), *New Zealand's Great War* (Auckland: Exisle, 2007), pp.16–17.

9 Winter, 'Demography', pp.251–52; J.M. Winter, *The Great War and the British People* (Basingstoke: Macmillan, 1985), pp.92, 99.

10 Guy C. Dempsey, *Albuera 1811: The Bloodiest Battle of the Peninsular War* (London: Front Line, 2008), p.285; Kramer, Dynamic, p.2.

11 Richard Overy, *The Bombing War: Europe 1939–1945* (London: Allen Lane, 2013), pp.21–22, 194, 477.

12 Kramer, *Dynamic*, pp.147–50.

13 Jeffery Taubenberger and David Morens, '1918 Influenza: The Mother of All Pandemics', in *Emerging Infectious Diseases*, Vol. 12, No.1 (2006) at http: //wwwnc.cdc.gov/eid/article/12/1/05–0979_article.htm; Spencer C. Tucker, (ed.), *The Encyclopedia of World War I* (Santa Barbara: ABC-CLIO, 2005), pp.576–77.

14 http: //virtualexhibition.1418remembered.co.uk/explore/civilians–on–the–move/exodus–14/the–french–and–belgian–exodus–in–1914.html; P.J. Cahalan, 'The Treatment of Belgian Refugees in England During the Great War' (PhD thesis, McMaster University, 1977), p.iii.

15 Quoted in Pierre Purseigle, 'The Reception of Belgian Refugees in Europe: A Litmus Test of Wartime Social Mobilisation', in Crawford and

McGibbon, *New Zealand's Great War*, p.76.

16 Spencer C. Tucker (ed.), *The European Powers in the First World War: An Encyclopedia* (NewYork: Garland, 1996), p.638.

17 Kramer, *Dynamic*, p.141.

18 Alan Kramer, 'Combatants and Noncombatants: Atrocities, Massacres and War Crimes', in Horne, *Companion*, pp.189–90; John Horne and Alan Kramer, *German Atrocities 1914: A History of Denial* (New Haven, CT: Yale University Press, 2001), pp.38–42.

19 See Isabel V. Hull, *Absolute Destruction: Military Culture and the Practices of War in Imperial Germany* (Ithaca, NY: Cornell University Press, 2005), figures from p.333.

20 Horne and Kramer, *German Atrocities*, pp.43, 163.

21 Stéphane Audoin–Rouzeau and Annette Becker, *1914–1918: Understanding the Great War* (London: Profile, 2002), pp.57–58.

22 Quoted in Susan R. Grayzel, *Women in the First World War* (Harlow: Pearson, 2002), p.136.

23 Kramer, *Dynamics*, p.32.

24 Jens Thiel, 'Between recruitment and forced labour: the radicalization of German labour policy in occupied Belgium and northern France', pp.44–46 and Sophie De Schaepdrijver, 'Military occupation, political imaginations, and the First World War', both in *First World War Studies* Vol. 4, No.1 (2013), p.1.

25 Dennis Williams, 'War of Liberation: British Second Army and Coalition Warfare in Flanders in the Hundred Days', in Gary Sheffield and Peter Gray (eds.), *Changing War: The British Army, the Hundred Days Campaign and the Birth of the Royal Air Force, 1918* (London: Bloomsbury, 2013), p.105.

26 *Frankfurter Zeitung*, 31 July 1914, quoted in Jeffrey Verhey, *The Spirit of 1914: Militarism, Myth and Mobilization in Germany* (Cambridge: Cambridge University Press, 2000), pp.46–7.

27 Jon Lawrence, 'Public space, political space' in Jay Winter and

Jean-Louis Robert, *Capital Cities at War: Paris, London, Berlin 1914–1919* Vol. Ⅱ (Cambridge: Cambridge University Press, 2007), pp.282–84.

28 Peter Simkins, *Kitchener's Army: The Raising of the New Armies, 1914–1916* (Manchester: Manchester University Press, 1988), pp.64, 75.

29 Lawrence, 'Public space', pp.285–7; David Lloyd George, *War Memoirs*, abridged edition (London: Odhams, 1938), p.39; Catriona Pennell, *A Kingdom United: Popular Responses to the Outbreak of the First World War in Britain and Ireland* (Oxford: Oxford University Press, 2012), p.39. Adrian Gregory, *The Last Great War: British Society and the First World War* (Cambridge: Cambridge University Press, 2008), pp.9–39 is essential reading.

30 Lawrence, 'Public space', p.287; Hew Strachan, *To Arms* (Oxford: Oxford University Press, 2001), pp.154–55; Jean-Jacques Becker, *The Great War and the French People* (Leamington Spa: Berg, 1985), pp.3–4.

31 Strachan, *To Arms*, pp.110, 124–4, 129–30, 157–59.

32 Christian Wolmar, Blood, *Iron & Gold: How Railways Transformed the World* (London: Atlantic, 2010 [2009]), pp.270–71.

33 Simkins, *Kitchener's Army*, p.109.

34 Quoted in Grayzel, *Women*, p.4.

35 Reinhard J. Sieder, 'Behind the Lines: working-class family life in wartime Vienna', in Richard Wall and Jay Winter (eds.), *The Upheaval of War: Family, Work and Welfare in Europe, 1914–1918* (Cambridge: Cambridge University Press, 1988), p.117.

36 Kevin Jefferys, *Politics and the People: A History of British Democracy since 1918* (London: Atlantic Books, 2007), pp.14–16. While historians no longer regard the extension of the franchise to women primarily as a reward for work, it would be unwise to completely discount it as a factor.

37 Grayzel, *Women*, pp.101, 106–09, 118.

38 Richard Bessel, 'Mobilizing German Society for War', in Chickering

and Förster, *Great War, Total War*, p.444.

39 Elspeth Johnstone, 'Home from Home on the Western Front, 1914–1918: Women's Contribution to Morale', in Celia Lee and Paul Strong (eds.), *Women in War: From Home Front to Front Line* (Barnsley: Pen and Sword, 2012), p.38; Roger Chickering, *The Great War and Urban Life in Germany: Freiburg, 1914–1918* (Cambridge: Cambridge University Press, 2007), p.294.

40 Jeremy Black, *The Great War and the Making of the Modern World* (London: Continuum, 2011), p.117; Strachan, *To Arms*, p.905; Stevenson, *1914–1918*, pp.220.

41 Rosalind Ormiston, *First World War Posters* (London: Flame Tree, 2013), pp.24–25; Stevenson, *1914–1918*, pp.222–23.

42 Ian F.W. Beckett, *Ypres: The First Battle 1914* (Harlow: Pearson, 2004), pp.76–77, 185–87.

43 Simkins, *Kitchener's Army*, pp.xiv, 79, 88.

44 Grey, *Military History of Australia*, p.93; A.B. Gaunson, *College Street Heroes: Old Sydneians in the Great War* (Sydney: Sydney Grammar School Press, 1998), p.9.

45 Paul Baker, *King and Country Call: New Zealand, Conscription and the First World War* (Auckland: Auckland University Press, 1988), p.15.

46 Ian Miller, ' "A Privilege to Serve": Toronto's Experience with Voluntary Enlistment in the Great War', in Yves Tremblay, *Canadian Military History Since the 17th Century* (Ottawa: Department of National Defence, 2000), pp.145, 151.

47 Robert Holland, 'The British Empire and the Great War, 1914–1918', in Judith M. Brown and Wm. Roger Louis, *The Oxford History of the British Empire: The Twentieth Century* (Oxford: Oxford University Press, 1999), p.126.

48 Alvin Jackson, *Home Rule: An Irish History 1800–2000* (Oxford: Oxford University Press, 2003), pp.145.

49 Charles Townshend, *Easter 1916: The Irish Rebellion* (London:

Penguin, 2006〔2005〕), pp.160-61.

50 Jackson, *Home Rule*, pp.143-44.

51 Theo Balderston, 'Industrial Mobilization and War Economies' in Horne, *Companion*, p.217, 229.

52 Holger H. Herwig, *The First World War: Germany and Austria Hungary, 1914-1918* (London: Edward Arnold, 1997), pp.233-34, 236-37, 240-41.

53 Peter Gatrell, *Russia's First World War: A Social and Economic History* (Harlow: Pearson Longman, 2005), pp.108-26; Eric Lohr, 'Russia' in Horne, *Companion*, pp.482-4.

54 Pierre-Cyrille Hautcoeur, 'Was the Great War a watershed? The Economics of World War I in France', in Stephen Broadberry and Mark Harrison, *The Economics of World War I* (Cambridge: Cambridge University Press, 2005), p.173; Balderston, 'Industrial Mobilization', pp.218, 226; Leonard V. Smith, Stéphane AudoinRouzeau and Annette Becker, *France and the Great War 1914-1918* (Cambridge: Cambridge University Press, 2003), pp.62-3, 64-45.

55 Smith, Audoin-Rouzeau and Becker, *France and the Great War*, p.63.

56 Alan G.V. Simmonds, *Britain and World War One* (Abingdon: Routledge, 2012), pp.40-41.

57 J.M. Bourne, *Britain and the Great War 1914-1918* (London: Edward Arnold, 1989), pp.188-91.

58 Stephen Broadberry and Peter Howlett, 'The United Kingdom during World War I: business as usual?' in Broadberry and Harrison, *Economics of World War One*, pp.210, 212.

59 J.M. Bourne, *Who's Who in World War One* (London: Routledge, 2001), p.176.

60 Roger Chickering, *Imperial Germany and the Great War, 1914-1918* (Cambridge: Cambridge University Press), pp.37-40.

61 Martin Kitchen, *The Silent Dictatorship* (London: Croom Helm, 1977), pp.272-4, 277-78; Chickering, *Imperial Germany*, pp.76-82;

William J. Astore and Dennis E. Showalter, *Hindenburg: Icon of German Militarism* (Dulles, VA: Potomac Books, 2005), pp.41 (quote), 49.

62 Richard Bessel, *Germany After the First World War* (Oxford: Oxford University Press, 1995), pp.41–42.

63 Herwig, *First World War*, pp.374–81.

64 Gatrell, *Russia's First World War*, pp.169–72.

65 Sieder, 'Behind the Lines: working–class family life in wartime Vienna', pp.111, 112, 125, 126 (quote from p.111) .

66 Quoted in Belinda J. Davis, *Home Fires Burning: Food, Politics and Everyday Life in World War I Berlin* (Chapel Hill: University of North Carolina Press, 2000), p.1.

67 C. Paul Vincent, *The Politics of Hunger: the Allied Blockade of Germany, 1915–1919* (Athens, OH: Ohio University Press, 1985), p.21.

68 Quoted in Avner Offner, *The First World War: An Agrarian Interpretation* (Oxford: Oxford University Press, 1989 [1988]), p.54.

69 Quoted in Davis, *Home Fires*, pp.180–1.

70 Quoted in Chickering, *Great War*, p.268.

71 Chickering, *Imperial Germany*, pp.41, 44–45.

72 Chickering, *Imperial Germany*, p.41; Vincent, *Politics of Hunger*, p.17.

73 Offner, *First World War*, p.54.

74 Winter, 'Surviving', pp.517–18.

75 Thierry Bonzon and Belinda Davis, 'Feeding the Cities', in Winter and Robert, *Capital Cities*, I , pp.310, 321, 340; Leonard V. Smith, 'France', in Horne, *Companion*, pp.419–20.

76 Jay Winter, 'Demography', in Horne, *Companion*, p.255.

77 Quote and figures are from David Reynolds, *America: Empire of Liberty* (London: Penguin, 2010 [2010]), p.303.

78 Quoted in Kathleen Burk, *Old World, New World: The Story of Britain and America* (London: Abacus, 2009 [2007]), p.438.

79 Burk, *Old World, New World*, pp.443–44.

80 Jennifer D. Keene, *Doughboys, the Great War and the Remaking of America* (Baltimore: Johns Hopkins University Press, 2003), p.2.

81 Gatrell, *Russia's First World War*, pp.42, 197–201, 108–26; Eric Lohr, 'Russia' in Horne, *Companion*, pp.484–87. Quote from report: Grayzel, *Women*, p.151.

82 Grey, *Military History of Australia*, pp.114–15.

83 Adrian Gregory, 'Military Service Tribunals, 1916–1918' in Jose Harris, *Civil Society in British History: Ideas, Identities, Institutions* (Oxford: Oxford University Press, 2003), pp.179, 182.

84 Eliot A. Cohen, *Supreme Command: Soldiers, Statesmen and Leadership in Wartime* (New York: The Free Press, 2002), p.61; Black, *Great War*, p.163.

85 David Robin Watson, *Georges Clemenceau: A Political Biography* (London: Eyre Methuen, 1974), pp.285–86.

86 John Horne, Remobilizing for 'total war', in John Horne (ed.), *State, society and mobilization in Europe during the First World War* (Cambridge: Cambridge University Press, 1997), pp.196–97; Watson, *Georges Clemenceau*, pp.285–86.

87 See John Horne, *Labour at War* (Oxford: Oxford University Press, 1991).

88 Lucy Masterman, *C.F.G. Masterman. A Biography* (London: Cass, 1968), p.274.

89 I am indebted to Professor Stephen Badsey for allowing me to consult two shortly to be published papers on First World War propaganda.

90 Elizabeth O'Neill, *The War 1915–1916: A History and an Explanation For Boys and Girls* (London: T.C. & E.C. Jack, 1916), p.41. I am indebted to my former student Caitriona McCartney for this reference.

91 Ormiston, *First World War Posters*, pp.102, 105, 123; Joseph Darracott and Belinda Loftus, *First World War Posters* (London: Imperial War Museum, 1972), pp.45, 67.

92 Quoted in Horne, *Labour at War*, pp.300–1.

93 John Brophy and Eric Partridge, *The Long Trail: What the British Soldier Sang and said in the Great War of 1914–18* (London: Andre Deutsch, 1965), pp.88, 134; quote from Matthew Stibbe, *German*

Anglophobia and the Great War, 1914–1918 (Cambridge: Cambridge University Press, 2001), p.14.

94 David Stevenson, *The First World War and International Politics* (Oxford: Oxford University Press, 1988), pp.89–91.

95 Quoted in Z.A.B. Zeman, *A Diplomatic History of the First World War* (London: Weidenfeld and Nicolson, 1971), p.87.

96 Brian Bond, *The Pursuit of Victory* (Oxford: Oxford University Press, 1996), p.105; Stevenson, *International Politics*, p.95; *idem*, 'War Aims and Peace Negotiations' in Hew Strachan (ed.), *The Oxford Illustrated History of the First World War* (Oxford: Oxford University Press, 1998), pp.205–7.

97 David French, *The Strategy of the Lloyd George Coalition 1916–18* (Oxford: Clarendon, 1995), pp.202–5; Lloyd George, *War Memoirs* Vol. II , pp.1510–17.

98 Albert Fried (ed.), *A Day of Dedication: The Essential Writings and Speeches of Woodrow Wilson* (New York: Macmillan, 1965), pp.281–7, 319–20; French, *Strategy*, p.274; A.J.P. Taylor, *The First World War* (Harmondsworth: Penguin, 1978 [1963]), p.206.

99 Diary notes of Oberst von Thaer, 1 October 1918 at http: //www.heu. ox.ac.uk/mirrors/mirrors/w...ib.byu.edu: 80/ ~rdh/wwi/1918/thaereng. html. For the last days of Imperial Germany see Herwig, *First World War*, pp.425–46 and Michael Geyer, 'People's War: The German Debate About a *Levée en masse* in October 1918', in Daniel Moran and Arthur Waldron (eds.), *The People in Arms: Military Myth and National Mobilization since the French Revolution* (Cambridge: Cambridge University Press, 2003) .

100 Geyer, 'People's War', p.124.

101 John Wheeler–Bennett, *Hindenburg: The Wooden Titan* (London: Macmillan, 1967), p.197.

尾声

1 Quoted in Alan Sharp, *The Versailles Settlement: Peacemaking in Paris, 1919* (NewYork, St. Martin's Press, 1991), p.87.

2 Margaret MacMillan, *Peacemakers: Six Months that Changed the World* (London: John Murray, 2001), p.7.

3 Quoted in Sharp, *Versailles Settlement*, p.189.

4 Michael Howard, 'A Thirty Years' War? The Two World Wars in Historical Perspective', *Transactions of the Royal Historical Society* 6th Series Vol. Ⅲ (London, RHS, 1993), p.176; Zara Steiner, *The Lights That Failed: European International History 1919–1923* (Oxford: Oxford University Press, 2005), pp.606, 632.

5 Eric Hobsbawm, *The Age of Extremes* (London: Michael Joseph, 1994).

6 Deborah Cohen, *The War Come Home: Disabled Veterans in Britain and Germany, 1914–1939* (Berkeley, CA: University of California Press, 2001).

7 Quoted in David Fromkin, *A Peace to End All Peace: The Fall of the Ottoman Empire and the Creation of the Modern Middle East* (New York: Avon Books, 1989), p.297.

8 David Reynolds, *The Long Shadow: The Great War and the Twentieth Century* (London: Simon and Schuster, 2013), p.98.

9 Maldwyn A. Jones, *The Limits of Liberty: American History 1607–1980* (Oxford: Oxford UP, 1983), p.423.

10 The historiography of the military history of the Second World War is truly vast and cannot be covered here. The following comments on the 1939–45 war have been informed by reading, among very many other books, Richard Overy, *Why the Allies Won* (London: Pimlico, 2006); Paul Addison and Angus Calder (eds.), *Time to Kill: The Soldier's Experience of War in the West 1939–45* (London: Pimlico, 1997); and Gerhard L. Weinberg, *A World at Arms: A Global History of World War Ⅱ* (Cambridge: Cambridge University Press, 1994).

11 Steiner, *Lights*, p.1.

延伸阅读

　　有关第一次世界大战的书籍真是浩如烟海，它的百年纪念更是催生出更多的作品。有些是极好的，比如Jay Winter所编辑的三卷 *Cambridge History of the First World War*（Cambridge：Cambridge University Press，2014），很遗憾这本书问世太迟，我的书没有参考到它。其他一些则是非原创的，是衍生品。有些则毫无价值。接下来是要挑选英文版的关于"一战"的最有意义的书。其他许多书籍和文章，在文献引用注释中可以看到。

普通书籍

　　分析"一战"历史，最好的单卷书是David Stevenson的1914–1918：*The History of the First World War*（London：Allen Lane，2004）。我们期待着Hew Strachan计划的三部曲之第二卷的面世。Strachan三部曲中的第一卷 *The First World War：To Arms*已于2001年，由Oxford University Press出版发行，是一部力作。另一本时间更早一些的书，*The First World War*（London：Longman，1960）是由"一战"老兵Cyril Falls所著。这是一部集描述与分析于一体的读物，自该书问世到半个多世纪后的今

天，它更值得一读。Michael Howard所著的*The First World War*（Oxford：Oxford University Press，2002），对"一战"进行了很好的概括性研究。Spencer C. Tucker所著的*The Great War 1914-1918*（London：UCL Press，1998），是一部很好的，极短的叙事史。Lawrence Sondhaus所著的*World War One：The Global Revolution*（Cambridge：Cambridge University Press，2011），由于其非常专业地描述了除西线外的第一次世界大战，尤其受到读者的欢迎。John Horne 编辑的*A Companion to World War I*（Chichester：Wiley-Blackwell，2012），以短小精悍的文章概括介绍了该领域最新的学术研究成果，是一本不可或缺的好书。Spencer C. Tucker所著的*The European Powers in the First World War：An Encyclopaedia*（New York：Garland，1996）是一本很有用的书，Matthias Strohn在*World War I Companion*（Oxford：Osprey，2013）中的一系列文章也是如此。Saul David所著的*100 Days to Victory：How the Great War was Fought and Won*（London：Hodder and Stoughton，2013）一书，采用与众不同的、有效的方法，对整个战争期间某些关键的日子进行了分析。Gary Sheffield所著的*Forgotten Victory：The First World War-Myths and Realities*（London：Headline，2001；Endeavour e-book，2014）涉及面广，但主要集中在英国和英国军队方面。

专门研究

虽然Christopher Clark所著的*The Sleepwalkers：How Europe Went to War in 1914*（London：Allen Lane，2012）一书里提出

的"梦游者"观点受到了众多媒体的赞赏，但是学术主流并不那么热情地认可它，学界依然认为：德国和奥地利应该对发动第一次世界大战负主要责任。以下著作都很好地体现了最新的学术成果：Annika Mombauer所著的 *The Origins of the First World War: Controversies and Consensus*（Harlow：Pearson，2002）；William Mulligan所著的 *The Origins of the First World War*（Cambridge：Cambridge University Press，2010）；Holger Afflerbach和David Stevenson编辑的 *An Improbable War? The Outbreak of World War I and European Political Culture Before 1914*（New York：Berghahn，2007），该书是长期以来所出版的研究第一次世界大战起因的最令人兴奋不已的著作之一。Annika Mombauer所著的 *The Origins of the First World War: Diplomatic and Military Documents*（Manchester：Manchester University Press，2013）一书收集了特别有用的原始资料。

在对第一次世界大战时期大后方所做的一系列跨国研究中，最引人注目的是Jay Winter and Jean-Louis Robert所著的 *Capital Cities at War: Paris, London, Berlin 1914-1919*，两卷本（Cambridge：Cambridge University Press，1997 and 2007）。以下两部著作分别涉及了两个重要的主题，一部是Stephen Broadberry和Mark Harrison所著的 *The Economics of World War I*（Cambridge：Cambridge University Press，2005），另外一部是Susan R. Grayzel所著的 *Women and the First World War*（Harlow：Pearson，2002）。Holger Herwig所著的 *The First World War: Germany and Austria-Hungary, 1914-1918*（London：Edward Arnold，1997）对第一

世界大战期间德国和奥匈帝国的各方面进行了研究，是不可或缺的著作；Roger Chickering所著的*Imperial Germany and the Great War, 1914–1918*（Cambridge：Cambridge University Press 1998，second edition 2004）对德国做了极好的研究。Leonard V. Smith，Stéphane Audoin-Rouzeau和Annette Becker所著的*France and the Great War 1914–1918*（Cambridge：Cambridge University Press，2003），他们对法国做了同样出色的研究。Jennifer D. Keene所著的*Doughboys, the Great War and the Remaking of America*（Baltimore：Johns Hopkins University Press，2003）是一本非常好的关于美国和第一次世界大战的书。对俄国参与战争的情况我们缺乏全面的研究，至少是英文写作的，但是就有关重要的方面可以参考Peter Gatrell所著的*Russia's First World War: A Social and Economic History*（Harlow：Pearson Longman，2005）。

再来看对英国及其帝国的研究方面，对英国大后方所做的研究中，Adrian Gregory所著的*The Last Great War: British Society and the First World War*（Cambridge：Cambridge University Press，2008）是一部最权威的研究著作。Joan Beaumont所著的*Broken Nation: Australians in the Great War*（St Leonards，NSW：Allen & Unwin，2013）一书对澳大利亚做了很好的研究。关于加拿大和新西兰，分别参考两本论文集，David Mackenzie编辑的*Canada and the First World War*（Toronto：University of Toronto Press，2005）与John Crawford和Ian MacGibbon编辑的*New Zealand's Great War*（Auckland：Exisle，2007）。就南非的研究，参考Bill Nasson所著的*Springboks on the Somme: South Africa in the Great*

War 1914–1918（Johannesburg：Penguin，2007）。关于印度的研究，见Kaushik Roy所著的*The Indian Army in the Two World Wars*（Leiden：Brill，2012）中的相关章节。

Max Hastings所著的*Catastrophe：Europe Goes To War 1914*（London：William Collins，1913），是关于第一次世界大战的令人叹服的精彩之作。David Stevenson所著的*With Our Backs to the Wall：Victory and Defeat in 1918*（London：Allen Lane，2011）是一本杰出的综合读物，涉及军事、政治和历史的其他许多方面。Norman Stone所著的*The Eastern Front 1914–1917*（London：Hodder and Stoughton，1975）出版已有些时日，是至今为止不可取代的作品。Paul G. Halpern所著的*A Naval History of World War I*（London：UCL Press，1994）是一部全方位研究海战的杰作。Andrew Gordon所著的*The Rules of the Game：Jutland and British Naval Command*（London：John Murray，1996），对指挥的本质和领导能力做了大量精辟论述，也适用于非海军领域。John Buckley的*Air Power in the Age of Total War*（London：UCL Press，1999）的有关章节对空战做了极好的介绍；另外一部详细描述空战的著作是John H. Morrow，Jr所著的*The Great War in the Air：Military Aviation from 1909 to 1921*（Shrewsbury：Airlife，1993）。Richard F. Hamilton和Holger H. Herwig编辑的*War Planning 1914*（Cambridge：Cambridge University Press，2010），就有关重要主题提供了最新评价。Roger Chickering和Stig Förster编辑的*Great War，Total War：Combat and Motivation on the Western Front，1914–1918*（Cambridge：Cambridge University Press，2000），其

中包含许多重要的文章。

关于法国军队的研究，可参考Robert A. Doughty的 *Pyrrhic Victory: French Strategy and Operations in the Great War*（Cambridge，MA：Belknapp Press，2005）一书，和另外一本，Elizabeth Greenhalgh所著的*Foch in Command*（Cambridge：Cambridge University Press，2011）。有关美国军队在欧洲的相关研究，参阅Mark Ethan Grotelueschen所著的*The AEF Way of War: The American Army and Combat in World War I*（Cambridge：Cambridge University Press，2007）一书以及Donald Smyth所著的*Pershing: General of the Armies*（Bloomington，IN：Indiana University Press，2007）。Jack Sheldon正在撰写的系列巨著，譬如*The Germans on Vimy Ridge, 1914–1917*（Barnsley：Pen & Sword，2008）通过当时的材料对德国军队做了审视。道格拉斯·黑格仍然是一位备受争议的人物，就两种不同的观点，见以下两本书：Gary Sheffield所著的*The Chief: Douglas Haig and the British Army*（London：Aurum，2011）以及J.P. Harris所著的*Douglas Haig and the FirstWorld War*（Cambridge：Cambridge University Press，2008）。在众多研究西线战役的最重要著作中，Robin Prior和Trevor Wilson所著的*Command on the Western Front*（Oxford：Blackwell，1992）一书，对历史学家们所持的关于英国在西线战事中的作用的观点有重大影响。

有关西线战役的著作，其中主要的有：William Philpott所著的*Bloody Victory: The Sacrifice on the Somme and the Making of the Twentieth Century*（London：Little，Brown，2009）；Alistair

Horne所著的*The Price of Glory: Verdun 1916*（Harmondsworth：Penguin，1993），该书虽然已经有些时间了，但仍然很经典；Bryn Hammond所著的*Cambrai 1917: The Myth of the First Great Tank Battle*（London：Weidenfeld & Nicolson，2008）；David T. Zabecki所著的*The German 1918 Offensives: A case study in the operational level of war*（London：Routledge，2006）；Michael S. Neiberg所著的*The Second Battle of the Marne*（Bloomington，IN：Indiana University Press，2008）；John Terraine所著的*To Win a War: 1918, The Year of Victory*（London：Cassell，2008）。在法国和佛兰德地区以外，以前所有的有关该主题研究的著作中，Charles Townshend所著的*When God Made Hell: The British Invasion of Mesopotamia and the Creation of Iraq, 1914–1921*（London：Faber and Faber，2011），除了奇特的书名外，是其中最好的。Robin Prior所著的*Gallipoli: The End of the Myth*（New Haven：Yale University Press，2009）一书对所有"加利波利之战是潜在的获胜之战"的观点给予了猛烈抨击。有关土耳其方面的观点，见Edward J. Erickson所著的*Gallipoli: The Ottoman Campaign*（Barnsley：Pen & Sword，2010）。就意大利战线研究，最好的资源是Mark Thompson所著的*The White War: Life and Death on the Italian Front 1915–1919*（London：Faber and Faber，2008）。最近出现了一些英文撰写的研究东线战役的极好著作，譬如Dennis E. Showalter所著的*Tannenberg: Clash of Empire, 1914*（Dulles，VA：Brassey's，2004）；Graydon A. Tunstall所著*Blood on the Snow: The Carpathian Winter War of 1915*

（Lawrence，KS：University Press of Kansas，2010）；Richard DiNardo所著的*Breakthrough: The Gorlice-Tarnow Campaign 1915*（Santa Barbara，CA：Praeger，2010）；Timothy C. Dowling所著的*The Brusilov Offensive*（Bloomington，IN：Indiana University Press，2008）。

　　有大量研究"一战"后果与遗产的著作，譬如David Reynolds所著的*The Long Shadow: The Great War and the Twentieth Century*（London：Simon and Schuster，2013）。回忆录方面有Jay Winter所著的*Sites of Memory, Sites of Mourning: The Great War in European Cultural History*（Cambridge，Cambridge University Press，1995），该书对后来的研究产生了重大影响。对英国方面做了出色的评价的著作是Dan Todman的*The Great War: Myth and Memory*（London：Hambledon Continuum，2005），该书与Catherine Switzer的重要著作*Ulster, Ireland, and the Somme*（Dublin：History Press Ireland，2013）对有关研究都是大有裨益的。

致 谢

感谢迈克尔·洛西塞罗（Michael LoCicero）博士提供了部分内容的初稿。很高兴能与ONEWORLD出版社编辑菲奥纳·斯莱特（Fiona Slater）合作。感谢芭芭拉·泰勒（Barbara Taylor）所绘制的精美参考地图，感谢我在伍尔弗汉普敦大学的新同事们提供的绝好工作环境，尤其要感谢斯蒂芬·巴德西（Stephen Badsey）教授让我分享他的研究成果以及斯宾塞·琼斯（Spencer Jones）博士对书稿所提的意见。对书中存在的任何错误，我承担全部责任。感谢谢菲尔德（Sheffield）和戴维斯（Davis）的家人们一如既往地给予我爱和支持。我的妻子薇芙（Viv）一直支持我，毫无怨言地忍受我写这本书，为此我更加感谢她。谨以此书献给她的父亲。

加里·谢菲尔德